Peter F. Kinauer

L(i)ebe das Leben

Peter F. Kinauer

L(i)ebe das Leben

Rezepte
der Lebenskunst

SIGNUM

Die Deutsche Bibliothek – CIP-Einheitsaufnahme

Kinauer, Peter F. : L(i)ebe das Leben : Rezepte der Lebenskunst /
Peter F. Kinauer. –
Wien, Hamburg : Signum Verlag, 2000
(Power-Guide)
ISBN: 3-85436-312-5

A-1080 Wien, Albertgasse 33
Tel.: 0043/1/406 50 33-0
Fax: 0043/1/406 50 33-12
E-Mail: contact.us@signum.at
Website: http://www.signum.at

Deutsche Niederlassung:
D-20355 Hamburg, Kaiser-Wilhelm-Straße 93
Tel.: 0049/40/35 006-850
Fax: 0049/40/35 006-800
E-Mail: signum@westerwelle.de
Website: http://www.westerwelle.de/signum

Cover: © Thomas Schauer; Buenos Dias
Covergestaltung & Layout: Kurt Lackner, Wien

Druck: Ueberreuter Buchbinderei und Buchproduktion Gesellschaft m.b.H.,
A-2100 Korneuburg, Industriestraße 1

ISBN: 3-85436-312-5
Wien • Hamburg 2000

Inhalt

FÜR EVA

Danksagung

Dieses Buch ist entstanden, weil mich viele Menschen ermutigt haben, es zu schreiben. Bei ihnen allen möchte ich mich herzlich bedanken.

Da sind zuerst einmal meine Seminarteilnehmer, die mich immer wieder mit interessanten und schwierigen Lebenssituationen konfrontieren. Ohne ihre Diskussionsbeiträge wäre dieses Buch um einige wichtige Kapitel ärmer.

Nach meinen Beiträgen in der ORF-Sendung „Willkommen Österreich" habe ich jeden Montag mit vielen Zuseherinnen und Zusehern telefoniert. Viele ihrer Beiträge sind wertvoller Bestandteil dieses Buches geworden. Bei ihnen allen möchte ich mich herzlich für das Vertrauen bedanken. Ich habe all diese Beiträge besonders gerne im vorliegenden Buch verarbeitet, weil es sich dabei um Situationen handelt, in die jeder von uns kommen kann. Sie, als Leser dieses Buches, sollen die Garantie haben, daß es sich hier keineswegs um eine theoretische Abhandlung handelt, sondern um einen praktischen Ratgeber, dessen Vorschläge für ein besseres Leben auch tatsächlich anwendbar, und was besonders wichtig ist, in der Praxis erfolgreich erprobt sind.

Ein besonderes Dankeschön an Ingrid Hohner, die meine Tonbänder zu Papier gebracht hat. Danke, daß Du mir so viele Stunden Deiner Freizeit geopfert hast!

Ein Danke an meine Verlagschefin Doris Dinklage, die immer da ist, wenn sie gebraucht wird, und – trotz aufreibendem Dauerstreß – immer ein offenes Ohr für meine Anliegen und Ideen hatte.

Meinem Lektor Martin Bruny möchte ich für die gute Zusammenarbeit danken. Seine Vorschläge haben mich veranlaßt, einige Kapitel zum besseren Verständnis für den Leser zu überarbeiten.

Es hat mir viel Spaß gemacht das vorliegende Buch zu schreiben, oder besser gesagt, zu diktieren. Aber ohne das liebevolle Verständnis meiner Frau Eva, die auf einen Großteil unserer ohnehin sehr kargen, gemeinsamen Freizeit verzichtet hat, wäre es nicht möglich gewesen, dieses Buch zu dem zu machen, was es jetzt ist: zu einem positiven Ratgeber für viele schwierige, verfahrene und scheinbar aussichtslose Lebenssituationen. In nächtelangen Gesprächen hat sie mich immer wieder aufs Neue inspiriert. Sie hat kritisch hinterfragt, neue Gedanken und Anregungen eingebracht. Ihr unerschütterlicher Glaube an mich gab und gibt mir Kraft. Kraft, aus der auch Sie, liebe Leserin, lieber Leser, Ihren ganz persönlichen Nutzen ziehen können.

Vorwort

Ein Tag ohne Lächeln ist ein verlorener Tag.

Charlie Chaplin

Sie können dieses Buch, wie viele andere auch, ganz normal von Beginn an lesen und die verschiedenen Rezepte einfach ausprobieren. Oder aber Sie markieren sich im Inhaltsverzeichnis jene Kapitel, von denen Sie glauben, daß gerade sie für Ihre derzeitige persönliche Situation ganz besonders interessant sind. Dann lesen Sie das Buch einfach nach Ihren persönlichen Prioritäten.

Verwenden Sie den freien Seitenrand für Ihre persönlichen Notizen, benutzen Sie ungeniert einen Leuchtstift, wenn Sie sich bestimmte Textstellen für später besonders hervorheben möchten, und machen Sie sich kein schlechtes Gewissen, wenn Sie einige Seiten mit Eselsohren versehen. In der Schule durften Sie das alles nicht tun, hier fordere ich Sie sogar dazu auf. Sie werden feststellen, daß das Buch durch diese „kleinen Sünden" sehr viel persönlicher wird.

Alle „Rezepte" in diesem Buch sind praxiserprobt. Sie brauchen also keine Bedenken zu haben, sie auszuprobieren. Sie funktionieren und haben schon vielen Menschen geholfen. Aber: **Helfen tut's nur, wenn Sie's auch wirklich tun.**

Also packen Sie's an. Ich wünsche Ihnen dabei viel Erfolg.

Ihr Peter F. Kinauer

Wien, im Januar 2000

I.
So gestalten Sie Ihr Leben *harmonischer*

Stellen Sie sich folgende Szene vor: Sie kommen ins Badezimmer und sehen, daß die Badewanne überläuft. Wie reagieren Sie spontan? Drehen Sie den Wasserhahn zu, und ziehen Sie den Stöpsel heraus? Oder holen Sie lieber einen Eimer und ein Wischtuch, um den Boden aufzuwischen?
Die Antwort liegt auf der Hand: Sie werden den Wasserhahn zudrehen und den Stöpsel herausziehen, bevor Sie irgend etwas anderes tun.
Und wie ist es mit den Problemen Ihres Lebens? Verschwenden Sie Ihre Zeit mit „Aufwischen", befassen Sie sich nur mit den Symptomen, oder versuchen Sie das Problem an der Wurzel zu fassen?
Wenn Sie also zum Beispiel ein Partnerschaftsproblem zu lösen haben, streiten Sie sich dann ständig über alles mögliche, oder versuchen Sie die Kommunikation mit Ihrem Partner bzw. Ihrer Partnerin zu verbessern?
Ganz ehrlich, was tun Sie wirklich: Streiten oder vernünftig darüber reden?

REZEPT

Ein erster Schritt in der Entwicklung zur Verbesserung Ihrer Lebensharmonie: Lernen Sie, den „Wasserhahn abzudrehen und den Stöpsel herauszuziehen".
Beschäftigen Sie sich damit, die Ursachen Ihrer emotionalen Erregung und Ihrer Anspannung herauszufinden, denn nur so haben Sie auch die Chance, diese zu bekämpfen.

Edith und Hans sind seit einigen Jahren glücklich verheiratet. Hans hat aus erster Ehe zwei halbwüchsige Kinder, die ihn regelmäßig ein- bis zweimal im Monat besuchen. Hans hängt sehr an den Kindern und empfindet jede kritische Bemerkung, die seine zweite Frau (berechtigterweise) über seine Kinder macht, als persönlichen Angriff.
Edith ist vor und während jedes Besuches der Kinder immer aufs äußerste angespannt, weil sie Kinder nicht gewohnt ist und diese ihre gewohnte Ordnung und ihren Tagesablauf total durcheinanderbringen. Obwohl sie sich redlich bemüht,

fällt es ihr schwer, zu den Kindern ihres Mannes einen guten Kontakt herzustellen.
Um ihrem Hans nicht weh zu tun, schneidet sie das Thema Kinder erst gar nicht mehr an. Sie schluckt ihren Frust hinunter. Vor jedem Besuch der Kinder ist die Atmosphäre äußerst angespannt – Streit steht auf der Tagesordnung.
Bei all diesen Streitereien und Sticheleien geht es gar nicht um die Kinder, sondern um ganz banale Alltäglichkeiten, über welche die beiden früher gelacht haben.
Die Beziehung der beiden verschlechtert sich, und das, obwohl sie sich immer wieder versöhnen.
Die beiden sind so sehr mit „Aufwischen" beschäftigt, daß sie lange Zeit nicht bemerken, wo die Ursache für alle Probleme wirklich zu suchen ist – nämlich in der Einstellung der beiden zum Thema „Kinder von Hans".
Hans ist zu empfindlich, wenn es um seine Kinder geht, und Edith kann sich auf lebhafte Kinder einfach nicht einstellen.
Erst als die beiden über die Ursache für die Beziehungskrise sprechen, haben sie die Möglichkeit, etwas daran zu ändern, gefunden.
Heute sind die Kinder natürlich immer noch sehr lebhaft, aber Edith hat eine andere Einstellung gewonnen. Hans liebt die zwei immer noch über alles, aber er ist kritischen Bemerkungen gegenüber wesentlich zugänglicher geworden. Die Beziehung der beiden ist wieder harmonisch, und auch die Kinder haben ihren Platz darin gefunden.

Die meisten Menschen sind so sehr damit beschäftigt, Symptome zu bekämpfen, also aufzuwischen, daß sie dabei übersehen, daß es die Ursache zu bekämpfen gilt.
Wenn ihnen das nicht gelingt, sind sie geistig blockiert und können keine Harmonie in ihr Leben bringen.

REZEPT

Fällt es Ihnen auch noch so schwer: Reden Sie mit Ihrem Partner/Ihrer Partnerin über die Ursache der Disharmonie in Ihrer Beziehung. Versuchen Sie, die wahren Gründe herauszufinden. Und dann arbeiten Sie gemeinsam daran, wieder Harmonie in Ihre Beziehung zu bringen.
Nur wenn unser Leben harmonisch verläuft, ist es möglich, daß wir uns weiterentwickeln.

2.
So entdecken und entwickeln Sie **Ihre Begabungen** *und Talente*

Viele Menschen bringen sich um mögliche Erfolge, weil sie sich überhaupt nichts zutrauen. Sie bewundern alle, die Erfolg haben, und sind innerlich davon überzeugt, daß sie es selbst niemals schaffen werden.
Es ist ein interessantes Phänomen, daß Erfolge, die wir im Leben haben, zumeist unseren Erwartungen entsprechen. Wenn Sie erwarten und glauben, ein ausgezeichneter Schiläufer zu sein oder ein ausgesprochenes Sprachgenie, setzen Sie psychische und physische Prozesse in Gang, die dazu beitragen, daß sich diese Erwartungen auch tatsächlich erfüllen.
Wenn Sie glauben, auf andere Menschen wie eine lächerliche Figur zu wirken, werden Sie genau so auf andere Menschen wirken.
Das Ergebnis entspricht also genau Ihrer Erwartungshaltung. Ihre Selbsteinschätzung hat sich bewahrheitet.

Das Prinzip der *selbsterfüllenden Prophezeiung* gilt für alle Lebensbereiche, in denen Sie etwas erreichen möchten. Wenn Sie von vornherein damit rechnen, schlecht abzuschneiden, sind Sie automatisch weniger motiviert. Sie investieren weniger Energie, und das Ergebnis wird tatsächlich schlecht sein.

Wie war das in der Schule – z. B. bei der Mathematik-Schularbeit? Nach oberflächlichem Studium der Aufgaben sind wir zum Schluß gekommen, daß es sich nicht lohnt, sich anzustrengen, weil die Aufgaben einfach zu schwierig sind. Das haben wir leider nicht drauf. Wir haben uns erst gar nicht so richtig bemüht, weil es ja ohnehin sinnlos war. Das Ergebnis? Kein Wunder!
Kennen Sie Menschen, die mit 40 behaupten, für Computer einfach schon zu alt zu sein, und es dann auch beweisen?
Manche Menschen behaupten, daß sie leider ein Gedächtnis wie ein Sieb hätten und man ihre Vergeßlichkeit einfach

entschuldigen müsse. Doch sie bemühen sich erst gar nicht um ein besseres Gedächtnis!
Andere wiederum sagen: Ja, du kannst das, aber ich habe einfach nicht das Zeug dazu. Und sie versuchen es erst nicht einmal.
Viele Menschen leben mit destruktiven Selbstbildern, mit einer negativen Selbsteinschätzung, die sie daran hindern, ihre Begabungen zu entwickeln. Wenn es Ihnen auch so geht, machen Sie doch folgende Übung:

ÜBUNG
Meine Wunschliste

Nehmen Sie ein Blatt Papier zur Hand, und stellen Sie eine Liste all Ihrer Eigenschaften oder Fähigkeiten auf. Dann ergänzen Sie Ihre Liste, indem Sie Aktivitäten hinzufügen, denen Sie sich gerne intensiver widmen würden, wenn Sie das Gefühl hätten, daß Sie es darin zu etwas bringen könnten. Schreiben Sie auch Tätigkeiten auf, die Sie normalerweise meiden.

Ihre Liste sollte mindestens 50 Punkte umfassen!

Wenn Sie auf weniger als 50 Punkte kommen, strengen Sie sich bitte noch ein wenig an. Sie werden sehen, daß es gar nicht so schwierig ist!
Wenn Sie Ihre Liste fertig erstellt haben, führen Sie eine Bewertung durch, indem Sie die einzelnen Punkte benoten: Zehn Punkte bedeuten, daß Sie in jenem Punkt absolute Weltklasse sind. Ein Punkt bedeutet, daß Sie in diesem Punkt absolut unfähig sind.
Sobald Sie mit Ihrer Bewertung fertig sind, befassen Sie sich mit jenen Punkten, die Sie schlecht benotet haben. Stellen Sie sich folgende Fragen:

- ☞ *Welche dieser Fähigkeiten machen mir Spaß?*
- ☞ *Warum?*
- ☞ *Habe ich mich je wirklich bemüht, diese Dinge zu erlernen?*
- ☞ *Welchen plausiblen Grund gibt es dafür, daß ich diese Fähigkeiten wirklich nie besonders gut beherrscht habe?*
- ☞ *Welche Entschuldigung habe ich vorzubringen?*

Der nächste Schritt: Suchen Sie sich aus Ihrer Liste einen schlecht bewerteten Punkt aus, und beginnen Sie damit, ihn in die Tat umzusetzen. Und dann den nächsten und den nächsten ... Sie werden feststellen, daß Ihre negative

Selbsteinschätzung mit einem Mal in Glauben an Ihre Fähigkeiten umgewandelt wurde. Wie überall, gilt auch hier: ***Handeln statt Reden!*** *Ihr Lohn ist der Erfolg, der sich unweigerlich einstellen wird. Und mit den ersten Erfolgen wächst auch Ihr Selbstbewußtsein. Und weitere Erfolge werden sich einstellen, dessen können Sie sicher sein!*

Man muß
das Unmögliche
versuchen,
um das
Mögliche
zu erreichen.

Hermann Hesse

3.
So gehen Sie mit Ängsten *um*

Eine überraschend große Zahl meiner Seminarteilnehmer hebt auf die Frage „Wer hat irgendwelche Ängste und/oder Hemmungen?“ die Hand. Sie alle berichten, daß ihre Hemmungen und Ängste sich leistungshemmend auswirken, ja daß sie geradezu kontraproduktiv sind.

Warum haben so viele Menschen mit Angstzuständen zu kämpfen? Jeder dritte im deutschen Sprachraum kennt Angstgefühle aus eigener Erfahrung. 15 Prozent aller Kinder an den Volksschulen (Grundschulen) und zehn Prozent der Jugendlichen quälen sich mit Angstgefühlen. Am häufigsten haben die Menschen Angst vor:

Fragen

☞ Aufzügen
☞ Menschenmengen
☞ dem anderen Geschlecht
☞ großen Höhen
☞ Spinnen, Schlangen u. ä.
☞ Hunden, Katzen u. ä.
☞ Menschen, die einem übermächtig erscheinen
☞ die Liebe der anderen zu verlieren
☞ dem Versagen allgemein
☞ sexuellem Versagen
☞ allgemeinen, nicht genauer definierten Angstzuständen
☞ Präsentationen
☞ dem Fliegen
☞ dem Verlust des Arbeitsplatzes
☞ der Dunkelheit
☞ dem Alleinsein
☞ Krankheit
☞ dem Älterwerden
☞ dem Tod
☞ Panikattacken
☞ Armut
☞ Prüfungen
☞ Wechsel der gewohnten Umgebung

Diese Menschen kämpfen mit Hemmungen und Ängsten, die sie nicht bewältigen können und die sie in ihrer Leistungsfähigkeit und vor allem in ihrer Lebensqualität erheblich behindern.
Angst engt ein. Wenn wir unsere Angst überwunden haben, fühlen wir uns frei.

Vor einiger Zeit habe ich nach längerem meinen Freund Klaus wieder getroffen. Auf meine harmlose Frage „Wie geht's dir so?" antwortete der erfolgreiche Manager zu meiner Überraschung: „Danke schlecht, ich fliege nächste Woche nach Barcelona!" Zuerst dachte ich, er würde scherzen, und antwortete, daß ich nichts dagegen hätte nach Barcelona zu fliegen. Klaus jedoch sagte: „Du kannst dir gar nicht vorstellen, was ich für eine Sch...-Flugangst habe. Ich schlafe seit drei Wochen keine Nacht. Untertags kann ich mich auf keine Arbeit konzentrieren, weil diese unsägliche Flugangst allgegenwärtig ist."
Die Flugangst hatte verheerende Auswirkungen auf die psychische Situation von Klaus. Nicht nur, daß er seine gewohnten Leistungen nicht erbringen konnte, auch die Beziehung zu seiner Partnerin litt darunter.
Vor einiger Zeit habe ich eine Urlaubskarte von Klaus bekommen. Aus Südafrika! Er hat seine Flugangst verlernt, und zwar so gründlich, daß er freiwillig mehr als zehn Stunden Flugzeit in Kauf nahm, um einen tollen Urlaub zu erleben.

Emil war einer jener Seminarteilnehmer, die auf meine Frage, wer unter Hemmungen oder Ängsten leide, aufgezeigt haben. Sein Problem: In seiner Firma ist es üblich, daß bei Besprechungen verschiedene Kollegen ihre Ideen auf eine Wandtafel oder ein Flip-Chart schreiben. Emil hatte vor diesen Präsentationen regelmäßig die Hosen gestrichen voll. Um nicht in die unerfreuliche Situation einer Präsentation zu kommen, zog er es vor, sich nicht mehr zu Wort zu melden. Ein wahrer Teufelskreis, in dem sich Emil befand! Präsentation war gleichbedeutend mit unerträglichem Streß. Nicht zu präsentieren bedeutete Image-Verlust sowohl bei den Kollegen als auch beim Vorgesetzten.
Vor jedem Meeting hatte Emil schlaflose Nächte, war seiner Familie gegenüber unerträglich, launisch und wegen jeder

Kleinigkeit beleidigt. Er war Tage vor einem Meeting im Büro unausstehlich, machte Fehler, die ihm normalerweise nicht unterliefen, war zu Kollegen und Mitarbeitern ungerecht und aufbrausend. Verhaltensweisen, die normalerweise nicht seinem Naturell entsprechen.
Eine Woche nach dem Seminar rief Emil mich an, um zu berichten, daß er zum ersten Mal **ohne** lähmende Angst in einem Meeting gewesen war und ohne jegliche Hemmung präsentiert hatte.

ÜBUNG

Ängste und Hemmungen wirken sich nicht nur negativ auf unsere Leistungsfähigkeit aus, auch unsere Gesundheit leidet unter diesen Zuständen.
Die Übung, die ich Ihnen hier zum Verlernen von Ängsten und Hemmungen vorstelle, ist gar nicht so schwierig. Sie ist sehr gut mit einem Partner, dem Sie vertrauen und der vor allem ein sensibler Beobachter ist, durchzuführen. Sie können sie aber auch ganz alleine erfolgreich durchführen. So gehen Sie vor:

Teil 1

Ziehen Sie bequeme Kleidung an, und machen Sie es sich so richtig gemütlich. Lehnen Sie sich zurück, und denken Sie an eine Situation, in der Sie sich irgendwann einmal in Ihrem Leben so richtig geborgen und sicher gefühlt haben. Das kann eine Situation aus Ihrer Kindheit sein, an die Sie sich erinnern. Zum Beispiel, als Sie sich in den Armen Ihrer Mutter, Ihres Vaters, der Großmutter oder des Großvaters so richtig sicher und geborgen gefühlt haben.
Es kann aber genausogut eine Situation aus Ihrem Erwachsenenleben sein, zum Beispiel, als Sie sich in den Armen einer geliebten Person sicher und geborgen gefühlt haben.
Erleben Sie diese einmalige Situation jetzt noch einmal. Mit allem, was dazugehört. Was sehen Sie, was hören Sie, was fühlen Sie? Lassen Sie sich ruhig Zeit mit dieser Übung! Sie haben keine Eile.
Wenn Sie das Gefühl der Sicherheit und Geborgenheit so richtig stark erleben, berühren Sie mit den Fingern Ihrer linken Hand Ihren rechten Handrücken. Ihr Gehirn muß sich diesen Auslöser – man nennt einen solchen Auslöser in der Fachsprache ***Trigger*** *– merken. Er muß abgespeichert sein. Aus diesem Grund erleben Sie dieselbe Situa-*

tion der Sicherheit und Geborgenheit noch drei- bis viermal hintereinander. Gehen Sie dabei jedesmal genau so vor wie beim ersten Mal.
Nun haben Sie einen Auslöser (Trigger) für ein Gefühl der Sicherheit und Geborgenheit in Ihrem Gehirn etabliert. Sie können dieses abgespeicherte Gefühl der Sicherheit ab sofort, wann immer Sie wollen, abrufen.
Dieses Gefühl der Sicherheit und Geborgenheit rufen Sie ab, indem Sie ganz einfach Ihren rechten Handrücken leicht berühren.
Nachdem Sie den Trigger installiert haben, machen Sie ein paar Minuten Pause. Stehen Sie auf, gehen Sie ein wenig herum, und nehmen Sie dann wieder Ihre bequeme Ruhestellung ein.

Teil 2

Nehmen Sie wieder eine bequeme Haltung ein. Schließen Sie die Augen, und stellen Sie sich vor, daß Sie ganz gemütlich und alleine vor Ihrem Fernseher sitzen. Schalten Sie den Apparat in Gedanken ein, und schauen Sie sich irgendeine Sendung an. Lassen Sie angenehme Gedanken vorbeiziehen. Nach einer Weile schalten Sie auf ein anderes Programm.
Jetzt haben Sie auf das Programm geschaltet, in welchem gerade ein Film mit Ihrer Angstsituation läuft. Sie sehen sich selbst in der Szene, Sie sehen sich selbst in Ihrer ganz speziellen Angstsituation. Lassen Sie diese Szene immer und immer wieder ablaufen. Sie werden bald feststellen, daß die Situation zunehmend an Bedrohlichkeit verliert.
Es kann vorkommen, daß der Film mit seiner Angstsituation Sie in einen Zustand von Angst oder Beklemmung versetzt. Für diesen seltenen Fall haben Sie in Teil 1 der Übung den Trigger für den geschützten Ort auf Ihrem Handrücken gesetzt. Sobald Sie dieses Gefühl der Beklemmung verspüren, berühren Sie oder Ihr Partner ganz leicht Ihren rechten Handrücken, und das Gefühl der Sicherheit und Geborgenheit kehrt fast augenblicklich wieder zurück.
Machen Sie mit der Übung „Abspielen Ihrer Angstsituation" so lange weiter, bis das Gefühl der Angst völlig verschwunden ist. Legen Sie dann eine Pause von zehn Minuten ein. Bewegen Sie sich, gehen Sie ein wenig herum, öffnen Sie ein Fenster, genießen Sie die frische Luft. Setzen

Sie sich danach noch einmal bequem hin, drehen Sie in Gedanken Ihren Fernseher wieder auf, und spielen Sie Ihre Angstszene nochmals ab. Die Übung ist dann erfolgreich verlaufen, wenn Sie jetzt praktisch keine oder nur mehr sehr wenig emotionelle Erregung verspüren.
Wenn Sie noch Angst verspüren, machen Sie die Übung (nur Teil 2) noch einmal. Sie müssen die Übung nicht sofort wiederholen, Sie können sie auch am nächsten Tag durchführen. ***Wichtig ist, daß Sie sie auch tatsächlich noch einmal machen!***
Wenn Sie das nächste Mal in Ihre ganz persönliche Angstsituation kommen, werden Sie überrascht und erfreut feststellen: ***Sie haben Ihre Angst überwunden!***

4.

Manchmal habe ich **Angst,** *das Falsche zu tun*

Immer wieder kommen in meinen Seminaren Menschen zu mir und fragen mich, wie sie mit der Angst, das Falsche zu tun, umgehen sollen.
Wenn jemand Angst hat, das Falsche zu tun, so ist das normalerweise auf ein nicht vorhandenes Selbstbewußtsein bzw. auf ein schwaches Selbstwertgefühl zurückzuführen. Unser Selbstwertgefühl wird in den ersten sieben Lebensjahren ausgebildet. Erfolgt in dieser Zeit die Erziehung des jungen Menschen überwiegend leistungsorientiert, gibt es immer nur dann Liebeszuwendungen, wenn das Menschenkind gerade eine tolle Leistung vollbracht hat, war es dem Kind nicht möglich, Selbstbewußtsein und Selbstwertgefühl zu entwickeln.

Immer dann, wenn der kleine Max etwas geleistet hatte, worauf seine Eltern stolz waren, wurde er abgeküßt, geherzt und liebkost, daß es eine Freude war. Nun sind herausragende Leistungen auch im Leben eines Kleinkindes relativ selten. Es gibt eine Belohnung für die ersten Schritte, die ersten Worte, den ersten Turmbau, das Erkennen von verschiedenen Tönen u. ä. Später wurden die ersten Buchstaben, die Max hingemalt hat, entsprechend gewürdigt; wenn er einmal einen Fehler machte, wurde er freundlich, aber bestimmt gerügt. In der Schule gab es nur Anerkennung für die Note „ Sehr Gut", alle anderen Noten wurden nicht gewürdigt oder aber gerügt.
Max lernte schon sehr früh, daß er, wenn er Liebe und Zuneigung wollte, zuerst eine entsprechende Leistung aufweisen mußte. Er lernte aber auch, daß es keinerlei Zuwendungen gab, wenn er nicht gerade eine tolle Leistung aufzuweisen hatte.
Er lernte sehr bald, manche Dinge einfach sein zu lassen. Und zwar immer dann, wenn auch nur die geringste Gefahr bestand, daß eine Sache schiefgehen könnte. Er wollte nicht gerügt werden und das Gefühl haben, er sei nicht „Everybody's Darling".

Je älter er wurde, desto stärker wurde sein Wunsch, es allen recht zu machen. Das war ja sein erprobtes Rezept, Zuneigung zu bekommen. Bei jeder neuen Idee, die er hatte und hat, steht zuallererst die Überlegung im Vordergrund: „Was passiert, wenn das schiefgeht? Was werden die anderen sagen? Werden sie mich kritisieren, habe ich dann wieder das Gefühl, ein Mensch zweiter Klasse zu sein? Es lebt sich besser, wenn ich dieses Gefühl nicht habe, also lass' ich es lieber bleiben." Bestärkt wird Max darin heute auch noch durch Freunde und Bekannte – und durch seine Familie, die ihm immer wieder das Gefühl vermittelt, ein Versager zu sein.
So bleiben viele gute Ideen und Vorsätze eben nur Ideen und Vorsätze. Max nutzt seine Talente nicht, er reagiert überangepaßt und ist in seinem Bestreben, es allen immer recht zu machen, relativ unglücklich.
Heute ist Max 30 Jahre alt. Er möchte sein Leben ändern, tut es aber nicht. Es könnte ja wieder jemand sagen: „Warum tust du das?" Und wie so oft würde Max hinter dieser an sich harmlosen Frage schon wieder Kritik und einen Angriff auf sein Selbstwertgefühl vermuten.
Was kann Max tun, um keine Angst mehr davor zu haben, das Falsche zu tun? Keine Angst mehr davor zu haben, nicht mehr geliebt zu werden? Kann er überhaupt noch etwas ändern mit 30?

Die Antwort ist: **JA, er kann!** Und es ist gar nicht so schwer. Wenn Sie auch nur einige der folgenden Tips anwenden, werden Sie innerhalb kurzer Zeit schon wesentlich selbstbewußter sein. Sie werden optimistischer und erfolgreicher:

Wenn Sie Ihr eigenes Selbstwertgefühl steigern wollen, ist es am einfachsten, wenn Sie zuallererst etwas für die Pflege des Selbstwertgefühls Ihrer Mitmenschen tun! Wie man das macht? Machen Sie es doch wie Manfred!

Manfred war Teilnehmer an einem meiner Seminare. Was er immer schon geahnt hatte, wurde ihm dort mit einem Mal klar: Sein beinahe zwanghaftes Verhalten, es allen recht zu machen, seine Angst, neue Dinge anzugehen, ver-

halfen ihm im Freundes- und Bekanntenkreis zu einem entsprechenden Ruf.
In der Firma war es nicht anders; er verhielt sich überangepaßt, immer darauf bedacht, es Kollegen und Vorgesetzten recht zu machen. Für die Kollegen und Vorgesetzten war es angenehm, einen Menschen zu haben, der kritiklos all das machte, was man von ihm forderte, der niemals aufmuckte und keine eigenen Ideen hatte.
Das Ergebnis dieser Überanpassung war, daß Manfred bei Beförderungen nicht berücksichtigt wurde. Der Frust war entsprechend groß.
Kurz nachdem er wieder einmal übersehen worden war, besuchte er eines meiner Seminare. In einer Pause erzählte er mir die Tragödie seines Lebens.
Manfred begann noch während des Seminars an seinem Selbstwertgefühl zu arbeiten. Er interessierte sich mehr für seine Mitmenschen, bemerkte bei ihnen Kleinigkeiten, wie zum Beispiel eine hübsche Brille oder eine geschmackvolle Krawatte. Er bewunderte jemanden für sein Verhalten und Auftreten in einer bestimmten Situation. Bei einer anderen Person bemerkte er eine besondere Fertigkeit, die nicht gerade alltäglich war: Die junge Dame beherrschte das Jonglieren mit drei Bällen beinahe perfekt.
Manfred bemerkte diese positiven Dinge nicht nur, er – und das war das wichtigste – sprach die Menschen auch darauf an.
Na schön, werden Sie sagen, was soll das bringen, wenn ich jemanden wegen einer neuen Frisur oder wegen neuer Schuhe bewundere? Was hat das alles mit meinem Selbstwertgefühl zu tun? Sehr viel!

REZEPT

Machen Sie jetzt gleich einen Versuch: Legen Sie das Buch zur Seite. Gehen Sie zu Ihrem Partner bzw. zu Ihrer Partnerin, Ihren Eltern, Kindern usw., und entdecken Sie bei jedem eine positive Kleinigkeit. Dann sprechen Sie diesen Menschen auf das, was Sie entdeckt haben, an. Sie werden überrascht sein, wie sehr sich die andere Person über Ihre Aufmerksamkeit freut!
Es ist egal, ob der Ehemann seiner Frau sagt, daß er es einfach toll findet, daß sie dieses oder jenes für ihn macht. Oder ob die Ehefrau oder Lebenspartnerin ihm sagt, daß sie

es toll findet, daß er immer so liebevoll und zärtlich ist. Sie werden die Erfahrung machen, daß Ihr Lächeln zurückkommt! Und das ist Balsam für Ihre Seele!
So haben Sie einen angenehmen Doppeleffekt erreicht: Sie haben das Selbstwertgefühl Ihrer Mitmenschen gestärkt, und Sie haben für sich selbst etwas getan. Das Lächeln des anderen ist eine wichtige Medizin für Ihr eigenes Selbstwertgefühl!

Manfred hat es sich auch zur Gewohnheit gemacht, seine Mitmenschen mit dem Namen anzusprechen. Egal, ob es sich um Familienmitglieder, Freunde, Bekannte oder um KollegInnen handelt. Auch das ist ein Mittel, das Selbstwertgefühl seiner Mitmenschen und somit das eigene zu stärken. Manfred lächelt auch wieder häufiger. Er hat gelernt, wieder BITTE und DANKE zu sagen. Er sagt nicht mehr: „Gib mir mal die Butter rüber", sondern: „Gib mir doch *bitte* mal die Butter." Er hat gelernt, ein aufmerksamer Zuhörer zu sein. Und er zeigt allen Menschen, mit denen er es zu tun hat, und zwar jung und alt, daß er sie ernst nimmt.
Sehr bald schon hat Manfred festgestellt, daß seine Mitmenschen geradezu süchtig nach seinen Aufmerksamkeiten werden. Und er hat die erfreuliche Feststellung gemacht, daß die Streicheleinheiten, die er anderen zukommen läßt, alleine durch die Freude, die sie bereiten, auch sein Selbstwertgefühl stärken. Diejenigen, die ihn früher belächelten, nehmen ihn auf einmal ernst und suchen seine Nähe und seinen Rat.

Machen Sie es wie Manfred! Seien Sie nett zu Ihren Mitmenschen, und machen auch Sie die erfreuliche Feststellung: **Es kommt alles zurück!**

Auch Siegfried hat gelernt, etwas für sein Selbstwertgefühl zu tun. Er hatte in seiner Kindheit und Jugend Klavierspielen gelernt, dieses Talent aber im Erwachsenenalter nicht mehr gepflegt. Mit 40 entschied er sich dafür, sein musikalisches Talent wieder zu pflegen. Als Bewohner einer hellhörigen Neubauwohnung und Kleinverdiener kam für ihn die Anschaffung eines Flügels nicht in Frage, also entschied er sich für eine elektronische Orgel und Kopfhörer.
Heute, fünf Jahre nach dieser Entscheidung, spielt Siegfried

beinahe täglich. Er findet immer ein paar Minuten, um nur für sich selbst zu spielen. Er spielt nicht, um sich vor Gästen zu produzieren oder um etwas „drauf" zu haben – er erfreut sich einfach an seinem Talent, ohne dabei in Leistungsdruck zu geraten.

Wenn Sie etwas für die Pflege Ihres Selbstwertgefühls tun wollen, sollten Sie sehr darauf bedacht sein, bei der Pflege Ihrer Neigungen, Ihrer Hobbys nicht wieder in den Fehler zu verfallen, zu messen, was Sie z. B. in einer bestimmten Zeiteinheit geschafft haben. Erfreuen Sie sich einfach daran! Völlig ohne Leistungsdruck. Es ist nicht wichtig, wie viele Kilometer Sie in einer Stunde auf dem Fahrrad herunterstrampeln. Es spielt keine Rolle, ob Sie 500 oder 5.000 Meter gelaufen sind. Das einzige, was zählt, ist, daß Sie Spaß daran haben.
Wenn Sie zeichnen oder malen, dann zerbrechen Sie sich nicht den Kopf darüber, wer wohl eine Vernissage ausrichten könnte. Zeichnen und malen Sie aus Freude an der Kunst. Ich habe schon in meinem Buch „So werden Sie zum Sieger!" (Signum Verlag, 3. Aufl. 1999) auf folgendes hingewiesen, und möchte es an dieser Stelle erneut tun: Jede Art von Entspannungstraining verhilft Ihnen zu mehr Selbstbewußtsein. (15 bis 20 Minuten sind genug! Übertreiben Sie nicht, sonst verlieren Sie sehr bald die Lust dazu.)
Spenden Sie Zärtlichkeit, und Sie haben einen weiteren wichtigen Schritt zu mehr Selbstbewußtsein getan.

Befolgen Sie diese Tips konsequent etwa zwei Monate lang. Sie werden die erfreuliche Feststellung machen, daß Sie nicht mehr diese Versagensangst haben, die Sie früher so sehr blockiert hat. Sie werden neue Herausforderungen annehmen. Sie werden keinen Gedanken daran verschwenden, daß Ihr Vorhaben ganz sicher schiefgehen wird. Sie werden nicht auf die Idee kommen, daß eine Sache zwei Nummern zu groß für Sie ist und Sie sie daher nicht angehen sollten. Diese und ähnliche Befürchtungen haben ab sofort keinen Platz mehr in Ihrer Gedankenwelt. Sie wissen, daß Sie alles schaffen können, was Sie sich vornehmen. Sie sind der/die Beste, der/die absolut Beste, und der Erfolg ist Ihnen sicher!!

Aber Achtung: Sie werden nie erfahren, wie toll es ist, sich wie ein Sieger zu fühlen, wenn Sie immer nur reden und nicht handeln!

Also, was hält Sie noch zurück? Ich gratuliere Ihnen zu Ihrem Entschluß. Ich gratuliere Ihnen dazu, daß Sie die Kraft und den Willen haben, Ihr persönliches Programm zum Erfolg konsequent durchzuziehen!

Zur Erinnerung

☞ Sprechen Sie Ihre Mitmenschen auf jene positiven Dinge an, die Sie bei Ihnen bemerken.

☞ Lächeln Sie häufiger.

☞ Lernen Sie wieder BITTE und DANKE sagen.

☞ Tun Sie etwas für sich selbst. Aber ohne Leistungsdruck, einfach aus Freude daran!

☞ Machen Sie täglich Entspannungstraining, z. B. Progressive Muskelentspannung.

☞ Handeln Sie!

5. *Wie schrecklich sind* **Fehler?**

Haben Sie schon einmal ein etwa dreijähriges Kind dabei beobachtet, wie es versucht, einen Turm zu bauen? Der Turm ist beinahe fertig – da fällt er um. Unverdrossen beginnt unser kleiner Baumeister von vorne. Der halbfertige Turm fällt wieder in sich zusammen. Und wieder startet unser Baumeister einen Versuch. Es ist interessant, zu beobachten, wie sich das Kind bemüht, die Ursache für das Zusammenstürzen des Turms zu ergründen. Irgendwann gibt der Kleine mehr oder weniger verdrossen auf. Oder er hat es geschafft, sein Kunstwerk zu vollenden.
Stellen Sie sich jetzt folgende Szene vor: Unser Baumeister ist acht oder neun Jahre alt. Die Bausteine sind etwas komplizierter geworden. Der Turm ist beinahe fertig – schwupps, da fällt er um. Jetzt werden Sie eine überraschende Beobachtung machen: Anstatt sofort wieder mit dem Neubau zu beginnen, sieht sich unser neunjähriger Baumeister zuerst einmal besorgt um. Hoffentlich hat niemand den Fehler bemerkt. Er hat bereits gelernt, daß Fehler negativ sind. Fehler macht man nicht.
Diese Lernerfahrung machen Millionen Menschen bereits in ihrer Kindheit. In der Schule erfahren wir: Fehler macht man nicht; Menschen, die Fehler machen, sind dumm.
Der kleine Dreijährige hat noch eine unverkrampfte Einstellung zu Mißerfolgen und Fehlern. Dank unseres Schulsystems und der Einstellung vieler Erwachsener, wird sich das sehr bald ändern. Bald wird auch er sich umsehen und hoffen, daß niemand gesehen hat, wie der Turm umgefallen ist.

Vor einigen Jahren hat eine Firma, die Computerchips herstellt, einen 100-Millionen-Dollar-Schaden erlitten. Einem Team von acht Technikern war ein Fehler unterlaufen. In einem Interview wurde der Europamanager gefragt, ob der Konzern diese acht Techniker gefeuert hat. Seine Antwort war: „NEIN! Diese hochbezahlten Spezialisten haben aus diesem Fehler gelernt! Wir können und wollen uns von diesen hochbezahlten Spezialisten nicht trennen.“

So schmerzlich es auch klingen mag: Auch Ärzte lernen aus ihren Fehlern! Mißlungene Versuche, ein Leben zu retten, waren ausschlaggebend dafür, daß vielen anderen Menschen das Leben erhalten werden konnte.
In der Forschung ist es genauso: Jede Sackgasse ist ein Hinweis darauf, daß es dieser Weg nicht sein kann. Aber vielleicht ist der nächste Versuch erfolgreich. Forscher geben nie auf. Gott sei Dank machen sie weiter und kommen ganz sicher irgendwann zum Ziel.

Wie ist das bei Ihnen? Wie ist Ihre Einstellung?
Ihre Einstellung zu Fehlern sollte sein: „Was habe ich daraus gelernt? Welche Schlüsse kann ich daraus für die Zukunft ziehen? Welchen Weg schlage ich in Zukunft ein, um den gleichen Fehler nicht noch einmal zu machen?"
Wenn jemand anderer einen Fehler macht, gilt die gleiche Einstellung! **Nobody is perfect!** Diesen Spruch kennen die meisten, aber sie handeln nicht danach. Es ist nicht berauschend, wenn Fehler passieren, aber sie passieren nun mal.
Schlecht ist die negative Einstellung zu Fehlern. Sie macht es unmöglich, aus Mißerfolgen und Fehlern zu lernen. Mit dem Ergebnis, daß die gleichen Fehler immer wieder gemacht werden.

Vor einigen Jahren war ich am Vorabend eines Seminars etwa 300 Kilometer weit angereist. Im Seminarhotel angekommen, stellte ich fest, daß meine Sekretärin die wichtigsten Utensilien für eine Übung nicht eingepackt hatte. Und dies, obwohl es eine Checklist gab! Also, zurück nach Wien, die fehlenden Dinge holen und wieder 300 Kilometer zum Seminarhotel.
Nach dem Seminar studierten wir gemeinsam die von mir erarbeitete Seminar-Checklist. Nur ein Insider konnte erkennen, daß diese nicht komplett war. Für meine Sekretärin, die relativ kurz bei uns war, war dies schlichtweg ein Ding der Unmöglichkeit. Also haben wir alle unsere Checklist dergestalt geändert, daß uns so etwas nicht mehr passieren konnte.
Bei jedem Fehler, bei jeder Panne, die in unserem Unternehmen passiert, stellen wir uns die Frage: „Wie können wir das in Zukunft vermeiden?" Niemand wird kritisiert oder

niedergemacht. Es tut dem Unglücksraben ohnehin leid genug. Wozu auch noch Salz in die Wunde streuen?

REZEPT

Immer wieder haben wir es mit sogenannten Berufskritisierern zu tun. Mit Menschen, die den ganzen Tag darauf lauern, Fehler bei anderen zu entdecken, um die Unglücklichen dann genüßlich in die Pfanne zu hauen. Das baut auf, da wird der Tag erst so richtig schön! Hier ein Rezept gegen derartig veranlagte Mitmenschen:
Wenn Sie das nächste Mal von einem solchen Menschen kritisiert werden, bedanken Sie sich herzlich dafür, daß er Sie auf Ihren Fehler aufmerksam gemacht hat.
Dann bitten Sie ihn um Rat, wie Sie seiner Meinung nach diesen Fehler hätten vermeiden können. Fragen Sie, wie Sie es besser hätten machen können, damit Sie diesen und ähnliche Fehler in Zukunft vermeiden können.
Sie werden eine interessante Erfahrung machen: Ihrem Kritiker aus Leidenschaft bleibt zuerst einmal die Luft weg. Das Letzte, womit er nämlich gerechnet hat, ist, daß Sie seinen Rat und seine Hilfe bei der Fehlervermeidung wollen. Er wollte ganz einfach nur Ihren Fehler kritisieren. Und jetzt das! Der Kritisierte will plötzlich eine Lösung, eine Hilfestellung zur Vermeidung seiner Fehler! Jetzt wird's gefährlich, jetzt wird man gefordert.
Wenn Sie sich diese Vorgangsweise zur Gewohnheit machen, werden es sich Ihre notorischen Kritisierer in Zukunft sehr genau überlegen, Sie zu kritisieren. Die Gefahr ist zu groß, daß man eine Lösung anbieten muß.
Bekommen Sie eine Lösung angeboten, freuen Sie sich darüber. Sie haben unter Umständen etwas gelernt.
Bevor Sie jedoch diese Strategie anwenden, überprüfen Sie Ihre ganz persönliche Einstellung zu Fehlern. Wenn nötig, korrigieren Sie diese.

6. *Gehöre ich* mit 40 *schon zum alten Eisen?*

Oft werde ich gefragt, wann wohl der Zeitpunkt gekommen ist, an dem man endgültig zum alten Eisen gehört.
Wenden wir uns jener Situation zu, aus welcher diese Frage am häufigsten entsteht: Ein über 40jähriger hat seinen Arbeitsplatz verloren und sucht einen neuen Job. Oder eine Frau möchte jetzt, wo die Kinder schon groß genug sind, wieder ins Berufsleben einsteigen. Diese Personengruppen hören immer wieder die gleichen Ablehnungsgründe:

- ☞ Sie sind für uns einfach zu alt.
- ☞ Ihre Erfahrung könnten wir gebrauchen, aber Sie sind zu teuer.
- ☞ Sie waren so lange weg von der Praxis, Sie müßten zuviel nachlernen.
- ☞ Wissen Sie, wir sind ein homogenes Team, da würden Sie sich nicht wohlfühlen in Ihrem Alter.
- ☞ In Ihrem erlernten Beruf sehen wir leider keine Möglichkeit.
- ☞ Sie sind überqualifiziert.

Die Liste der Einwände kann man beliebig fortsetzen. Was können Sie tun, solche Situationen erfolgreich zu meistern? Es gibt verschiedene Möglichkeiten. Wichtig ist, daß Sie das, was ich Ihnen vorschlage, auch wirklich versuchen! Es ist schlecht für Ihren persönlichen Erfolg, wenn Sie die Ideen von vornherein als für Sie nicht relevant verwerfen und sie erst gar nicht versuchen.

Renate ist 48 Jahre alt. Sie war die letzten 20 Jahre im selben Betrieb als Chefsekretärin beschäftigt. Das Unternehmen meldete Konkurs an, und so stand Renate von einem Tag auf den anderen auf der Straße. Ohne Job. Sie war ohne eigenes Verschulden arbeitslos geworden.
Die Antworten auf ihre schriftlichen Bewerbungen waren immer dieselben. Ihre Bewerbung wurde immer aus einem der schon erwähnten Gründe abschlägig beantwortet. In drei Monaten brachte sie es auf 35 Bewerbungen. Drei per-

sönliche Vorstellungsgespräche verliefen negativ. Einmal war sie zu alt für das Team, dann war sie zu teuer, und das dritte Mal war sie überqualifiziert. Langsam begann sie den Glauben an sich selbst zu verlieren.
In dieser Zeit lernte ich Renate kennen. „Was soll ich jetzt tun?" fragte sie mich verzweifelt. „Ich brauche die Arbeit nicht nur, um leben zu können. Ich brauche sie auch, um mich nicht selbst zu verlieren."
Sie wollte unbedingt in ihrem Beruf als Chefsekretärin bleiben. Das hatte sie die letzten 20 Jahre perfekt gemacht. Und das wollte sie für ihre Zukunft: Chefsekretärin sein.

REZEPT

Als erstes empfahl ich Renate, die Übung zur ***Entwicklung ihrer Talente*** *(siehe Kapitel 2) zu machen. Als nächste Maßnahme schlug ich ihr vor, sich auch bei Firmen zu bewerben, die andere Positionen zu besetzen hatten. Vor allem empfahl ich ihr, sich auch um Posten zu bewerben, die sich bei der Übung zur Entwicklung ihrer Talente als besondere Begabung herausgestellt hatten.*
Renate brachte es in den nächsten zwei Monaten auf insgesamt 60 schriftliche Bewerbungen. Schwerpunkte der Stellen, um die sie sich bewarb, waren solche, bei denen Organisationstalent gefragt war. Schließlich konnte sie unter vier Angeboten auswählen. Sie entschied sich für eine Firma, in der sie seither die Geschäftsreisen der Manager koordiniert und organisiert.
Der Aufgabenbereich als Chefsekretärin ist längst vergessen. Renate ist mit Ihrem neuen Aufgabenbereich glücklich und zufrieden.

Liebe Leserin, lieber Leser, natürlich können Sie jetzt sagen: „Na ja, da handelt es sich um einen Einzelfall." Sie haben recht, es handelt sich um die ganz persönliche Geschichte einer Person! Doch nehmen Sie Renates Geschichte stellvertretend für die vielen Fälle, die ich kenne, in denen es den Betroffenen gelungen ist, aus einer unerfreulichen Situation etwas Positives zu machen.

REZEPT

Viele Frauen meinen, daß sie keine Chance mehr bekommen, wenn sie älter werden. Das stimmt nicht! Seien Sie kreativ! Überlegen Sie, welche Fähigkeiten außer den erlernten und früher ausgeübten Sie sonst noch haben. Sie werden sehr

rasch feststellen, daß Sie viel, viel mehr können, als sie sich bisher zugetraut haben. Nur Mut! Wer nicht wagt, der kann auch nicht gewinnen!
Als reife Frau haben Sie neben Ihrer Lebenserfahrung auch noch eine ganze Reihe anderer Vorteile gegenüber jüngeren Konkurrentinnen. Sie müssen nicht zu Hause bleiben, weil eines der Kinder erkrankt ist. Es besteht keine Gefahr, daß jeden Augenblick eine Schwangerschaft ins Haus steht. Menschen Ihres Alters können sich voll und ganz auf die Herausforderungen im Beruf konzentrieren. Mit viel Power und Energie und mit sehr viel Erfahrung.
Ältere Mitarbeiterinnen überlegen sich einen Arbeitsplatzwechsel sehr genau. Sie kündigen nicht so unbeschwert, wie dies häufig bei jüngeren Menschen zu beobachten ist. Das bedeutet Sicherheit der Kontinuität für den Betrieb.
Das alles sind Ihre persönlichen Vorteile, die Sie in Ihren Bewerbungsschreiben und unbedingt im Bewerbungsgespräch ansprechen sollten.
Bieten Sie an, ein paar Tage ohne Bezahlung in den Betrieb zu kommen. So können sich Ihre zukünftigen Chefs ein Bild von Ihnen und Ihren Qualitäten machen.
Und Sie haben den Vorteil, feststellen zu können, ob Sie gerade in diesem Unternehmen arbeiten möchten.
„Unmöglich", werden Sie vielleicht sagen. Ich sage Ihnen, **andere Zeiten erfordern andere Vorgangsweisen.** Wollen Sie warten, bis Ihnen das Arbeitsamt einen Job vermittelt?

REZEPT

Und jetzt für meine männlichen Leser: Auch Männer aller Alters- und Berufsgruppen stehen oft plötzlich von einem Tag zum anderen auf der Straße. Ohne Arbeit, aber mit vielen Verpflichtungen, denen man nachkommen muß. Die Kinder gehen noch zur Schule oder studieren. Kredite sind abzuzahlen, Lebensversicherungsprämien sind zu überweisen. Die Wohnungsmiete ist fällig. Letztendlich braucht die Familie etwas zu essen; von den Klamotten, die ja auch noch anzuschaffen sind, gar nicht zu reden. Das Selbstwertgefühl ist im Keller.
Man hat sich schon 20mal beworben, ist entweder überqualifiziert oder zu alt oder zu teuer. Man hat keine Kraft mehr. Die Familie wartet darauf, daß sich endlich was tut. Die Nachbarn schauen unverhohlen mitleidig (manche Betroffene empfinden diese Blicke auch als geringschätzig).

Das trägt auch nicht gerade dazu bei, daß der Seelenfrieden garantiert ist.

Walter war gerade 51 geworden. Aufgrund von Rationalisierungsmaßnahmen war er dem Rotstift zum Opfer gefallen. Und das nach mehr als 20 Jahren Betriebszugehörigkeit. Abfertigung, na schön! Aber für die Pension ist er noch viel zu jung!
Walter hat als Facharbeiter recht gut verdient. Und jetzt die Arbeitslosenunterstützung. Das ist hart. Wo soll sich ein 51jähriger Facharbeiter mit Erfolg bewerben? Das Arbeitsamt war nicht in der Lage, ihm einen Posten zu vermitteln. Bewerbungsschreiben hatte er bis zu unserem Kennenlernen nur wenige verschickt. Antwort hat er keine bekommen. Walter war zutiefst deprimiert. Seit seinem 14. Lebensjahr war er nicht einen einzigen Tag arbeitslos. Zu allem Überfluß kam noch hinzu, daß auch seine Lebenspartnerschaft unter der beruflichen Situation litt. Walter machte sich nicht nur Sorgen um seine berufliche Zukunft. Er fürchtete auch um seine bisher so harmonische Ehe. Immer öfter gab es aus nichtigen Anlässen Streit mit seiner Frau. Er reagierte zum Teil sehr heftig, was ihm hinterher natürlich leid tat. Aber er brachte es nicht über sich, das seiner Frau auch zu sagen. Er konnte auch nicht über seine Probleme reden. Er fraß alles in sich hinein – übrigens eine bei Männern sehr häufige Erscheinung. Frauen wollen über ihre Probleme reden, Männer meistens nicht.
Ich machte mit Walter gemeinsam die in Kapitel 2 beschriebene Übung, um herauszufinden, welche Fähigkeiten außer jenen, welche er sich im Betrieb angeeignet hatte, er noch hat.
Wir sind fündig geworden. Walter ist ein begnadeter Bastler. Er versteht sich beinahe auf alle Reparaturen, die im täglichen Leben so anfallen. Nach mehreren gezielten Bewerbungen erhielt Walter einen Job als Haustechniker bei einem mittelgroßen Industriebetrieb.
Der Haussegen hängt wieder gerade, und Walter ist von einer Depression weiter entfernt als je zuvor.

Zugegeben, auch ein sehr persönlicher Fall. Ich möchte Ihnen damit nur klarmachen, daß sehr vieles, wenn nicht alles in Ihrem Leben von Ihrer Eigeninitiative abhängt. Sie müssen *sich über folgendes im klaren sein, so schwer es Ihnen auch fallen mag:* ***Sie sind für Ihr Leben selbst verantwortlich!*** *Sie haben nur ein Leben, und das leben Sie jetzt in diesem Augenblick. Nehmen Sie Ihr Leben selbst in die Hand! Seien Sie nicht länger Zuschauer in Ihrem eigenen Leben! Übernehmen Sie die Regie! Sie können es, und Sie werden es auch beweisen! Nur Mut!*

Fangen Sie jetzt sofort damit an. Verlieren Sie nicht wertvolle Zeit. Heute ist der erste Tag des Rests Ihres Lebens. Beginnen Sie ihn mit neuem Elan! Sie schaffen es! Jede Schwierigkeit, die sich Ihnen in den Weg stellt, ist nur eine Wolke, die vorüberzieht. Sie erreichen Ihr Ziel!

... und wenn ich wüßte,
daß morgen die Welt
in tausend Stücke
zerbräche,
ich würde noch heute
einen Baum pflanzen.

MARTIN LUTHER

7.

Wenn Sie nicht gut drauf sind: Mind changing

Gehen Sie doch einmal mit offenen Augen durch die Straßen oder durch den Betrieb, in dem Sie arbeiten, und beobachten Sie die Menschen, die Ihnen begegnen, einmal ganz genau. Versuchen Sie zu erraten, wer von diesen Menschen heute gut drauf ist und wer nicht. Sie werden feststellen, daß es gar nicht so schwer ist, den Gemütszustand eines Menschen zu erraten. Dazu braucht man kein Psychologe zu sein. Etwas Beobachtungsgabe reicht aus, um dies zu erkennen.

Wenn Sie Kinder haben, können Sie mit Sicherheit feststellen, ob es Ihrem Nachwuchs heute gut oder schlecht geht. Woran merken Sie, daß es heute für Ihr Kind ein guter Tag war? Sie merken es an seiner Körperhaltung und an seinem strahlenden Lächeln. Sie brauchen erst gar nicht nach einem Ergebnis fragen, wenn Ihr Sprößling mit gesenktem Kopf und hängenden Schultern von der Schule heimkommt.

Wenn es Ihrem Partner bzw. Ihrer Partnerin nicht gut geht, wissen Sie das, wenn Sie ihn bzw. sie nur einen kurzen Augenblick lang ansehen. Manchmal fragen Sie dann vermutlich: „Was ist los mit dir?" Und erhalten als Antwort häufig: „Nichts, wie kommst du denn darauf? Es ist alles in Ordnung." Viele Menschen geben sich mit dieser Antwort nicht zufrieden. Sie stellen so lange bohrende Fragen, bis sie die Bestätigung ihrer Vermutung, oder besser ausgedrückt, ihres Eindruckes, erhalten. Die Betroffenen fragen sich, wie es nur möglich sein kann, daß man ihren Gemütszustand merkt, ihn quasi an der Nasenspitze ablesen kann.

Aber auch unser **Strahlen** entgeht den anderen nicht.

Eine Seminarteilnehmerin erzählte mir eine Geschichte aus ihrer Schulzeit: Einer der beliebtesten Lehrer an ihrer Schule war der Direktor. Es war einfach lustig, wenn er unterrichtete, und die Schüler machten begeistert mit. Sie lernten wesentlich mehr als bei anderen Professoren.

Der Herr Direktor führte offensichtlich eine nicht allzu glückliche Ehe. Das war in dem kleinen Provinzstädtchen

allgemein bekannt. Auch auf die Schüler hatte die Ehekrise ihres Direktors ihre Auswirkungen. Immer dann, wenn es am Morgen offensichtlich wieder einmal Streit gegeben hatte, war er im Unterricht übellaunig und neigte zu Ungerechtigkeiten. An solchen Tagen war absolute Vorsicht geboten.
Von einem Fenster des Klassenzimmers aus konnte man den Parkplatz beobachten. Jeden Morgen hatten zwei Schüler „Fensterdienst". Sie beobachteten ihren Direktor nach dem Aussteigen aus seinem Auto beim Gang über den Schulhof und erstellten eine Hundertprozent-Diagnose über seine Gemütsverfassung. Ging er mit hocherhobenem Kopf, schlenkernden Armen und einem fröhlichen Lächeln über den Schulhof, war der Unterricht gerettet. Es wurde Entwarnung gegeben. Ging er hingegen mit gesenktem Kopf, hängenden Schultern und mürrischem Blick ins Schulgebäude, wußte die Klasse: Heute war wieder Streit. Entsprechend vorgewarnt, verhielten sich die Schüler an solchen Tagen unauffällig.

Wie ist das möglich? Wir beobachten einen Menschen und geben eine sichere Diagnose über seinen Gemütszustand ab?
Die Antwort ist: „Der Körper ist die Botschaft." Unsere Körperhaltung verrät alles über unseren Gemütszustand. Für einen halbwegs aufmerksamen Beobachter sind wir ein offenes Buch. Es ist auch nicht möglich, uns so perfekt zu verstellen, daß unsere Umwelt getäuscht wird. So eine Täuschung ist nur für eine ganz kurze Zeitspanne möglich. Spätestens dann, wenn wir uns unbeobachtet fühlen, verlieren wir die Kontrolle über uns selbst und lassen uns „gehen". Kinder sind genaue und aufmerksame Beobachter. Sie erkennen sofort, ob der eben nach Hause gekommene Vater zum Spielen aufgelegt ist oder ob man sich besser ins Kinderzimmer verzieht.
Manche Ehepaare streiten relativ häufig. Sie vermeiden es, vor den Kindern zu streiten – die Kinder sollen doch in einer harmonischen und glücklichen Umgebung aufwachsen. Wenn Sie jedoch meinen, daß Kinder es nicht merken, wenn der Haussegen schief hängt, liegen Sie voll daneben. Kinder merken sehr wohl, wenn zwischen den Eltern etwas nicht stimmt, und verhalten sich auch entsprechend.

Sollten sich Ihre Eltern während Ihrer Kindheit häufig gestritten haben, aber nicht vor Ihnen, dann erinnern Sie sich doch einmal ganz genau: Haben Sie es bemerkt, oder haben Sie es nicht bemerkt? (Die Frage müßte eigentlich lauten: „Haben Sie es gefühlt?") Ihre Antwort ist ganz sicher: „Ja, ich habe es gefühlt." Dabei spielt es keine Rolle, ob Ihre Eltern nur gelegentlich eine Meinungsverschiedenheit hatten oder ob sie sich häufiger gestritten haben.
Viele Paare denken, daß ihre Kinder den Rosenkrieg nicht merken. Das Gegenteil ist der Fall! Der Körper ist die Botschaft! Der Körper signalisiert unser jeweiliges seelisches Befinden. Wenn es uns gut geht, ist das ja alles kein Problem. Wir wollen nur nicht, daß die anderen merken, daß es uns schlecht geht.

Was kann ich tun, um meine Stimmung so zu verändern, daß ich mich augenblicklich wieder besser fühle und dem Leben wieder Positives abgewinnen kann?
Die gute Nachricht: Es gibt eine Lösung! Und diese Lösung ist so einfach, daß man vermutlich schon deshalb nicht so leicht von selbst draufkommt. **Mind changing** heißen die Zauberworte.
Sie haben grundsätzlich zwei Möglichkeiten, Ihre Gedanken zu verändern: Sie können sich zwingen, auf andere Gedanken zu kommen. Das ist die schwierigere Variante. Es ist gar nicht so einfach, von negativen Gedanken auf positive zu kommen. Noch dazu, wenn man innerlich aufgewühlt ist. Man ist deprimiert, vielleicht verwundet, angeschlagen und in einer Weltuntergangsstimmung. Wie soll man in diesem Gemütszustand auf positive Gedanken kommen und Lösungsansätze für das Problem finden? Schwierig, aber manche Menschen schaffen das.
Die zweite Möglichkeit seine Gedanken zu verändern, heißt Mind changing. Diese Technik ist sehr einfach und leicht anzuwenden. Wir verändern unsere Gedanken, indem wir unsere Körperhaltung verändern! Machen Sie gleich jetzt folgende Übung:

ÜBUNG

Heben Sie Ihre Arme über den Kopf, und legen Sie Ihre Handflächen übereinander auf Ihren Hinterkopf. Heben Sie den Kopf, und blicken Sie nach oben zur Decke, lächeln Sie, und versuchen Sie, sich schlecht zu fühlen. Schaffen

Sie das? Sie werden feststellen, daß Sie sich in dieser Körperhaltung nicht schlecht fühlen können.
Jetzt kommt der zweite Teil des Tests: Setzen Sie sich auf einen Stuhl, und zwar auf die vordere Stuhlkante. Spreizen Sie ganz leicht Ihre Beine, lassen Sie Ihre Schultern hängen. Legen Sie Ihre Unterarme auf die Oberschenkel. Lassen Sie Ihren Kopf hängen. Ziehen Sie Ihre Mundwinkeln herab, und versuchen Sie jetzt, sich gut zu fühlen. Sie werden die Erfahrung machen, daß es nicht möglich ist, sich gut zu fühlen, wenn man eine derartige Körperhaltung einnimmt.

Die Wissenschaft hat bestätigt, was die Menschheit seit Jahrtausenden empfindet: Es besteht ein unmittelbarer Zusammenhang zwischen unserer Körperhaltung, unserer Mimik und unserer Gestik und unserer momentanen Stimmungslage.
Wann immer wir uns gut fühlen, gelingt alles, was wir angehen. Wir haben das Gefühl, unschlagbar zu sein. Wenn wir in dieser Stimmung sind, strahlen wir eine Kraft aus, die für unsere Mitmenschen spürbar wird.
Fühlen wir uns schlecht, denken wir nur in Problemen. Nichts gelingt, und wir haben das Gefühl, „Montagsmodelle" zu sein.

ÜBUNG

Mind changing gibt uns die Möglichkeit, unseren Gemütszustand entscheidend zu verändern und uns in „Erfolgsstimmung" zu versetzen.
Wie das geht? Ganz einfach! Wann immer Sie in bessere Stimmung kommen möchten, verändern Sie ganz bewußt Ihre Körperhaltung:

Stehen oder sitzen Sie aufrecht.
Halten Sie den Kopf gerade, den Blick leicht nach oben gerichtet.
Lächeln Sie! Auch, wenn Ihnen momentan nicht danach ist.

Sie werden feststellen, daß durch diese kleinen physiologischen Veränderungen auch eine Veränderung Ihres emotionalen Zustandes erfolgt. Wenn Sie noch Minuten vorher am Aufgeben waren, sind Sie mit einem Mal wieder bereit zu kämpfen. Wenn Sie keine Lösungsmöglichkeit für eine bestimmte Situation sahen, fällt Ihnen plötzlich etwas ein. Wenn Sie unglücklich waren, sieht die Welt wieder ein bißchen rosiger aus. Vor der Besprechung haben Sie geglaubt, daß Sie verlieren. Mind changing hat Sie zum Sieger gemacht. Sie waren einfach unwiderstehlich!

Wenn Sie diese Zeilen lesen und denken: „Das wäre schön, wenn alles so einfach ginge. Aber glauben kann ich das nicht", schlage ich Ihnen vor, daß Sie es einfach bei der nächsten Gelegenheit versuchen! Testen Sie die Methode. Ich garantiere Ihnen: Es funktioniert!

Also: Verändern Sie ganz bewußt Ihre (negative Verlierer-)Körperhaltung, und Sie werden augenblicklich zum Sieger!

8.

Wenn ich doch nur **die Kraft** *hätte wie damals ...*

Wir alle kennen Menschen, die wir schon allein deshalb bewundern, weil sie immer zur richtigen Zeit die nötige Power haben. Wir bewundern den Spitzensportler, wir bewundern Menschen in unserer unmittelbaren Umgebung, die immer die nötige innere Kraft aufbringen, schwierige Situationen erfolgreich zu meistern.
Wir sagen dann zu uns selbst: „Das möchte ich auch können. Aber im Augenblick bin ich leider nicht so gut drauf. Ja, damals vor zwei oder noch mehr Jahren, da war das ganz anders, da hatte ich noch Power ..."
Wir schwelgen in Erinnerungen, wie stark wir doch damals waren – alles ist uns gelungen. Doch jetzt ist der Dampf draußen. Aber toll war's doch, dieses Siegergefühl. Und wir erinnern uns ganz genau an verschiedene Situationen, in denen wir einfach unschlagbar waren. Aber das ist halt schon lange her.

Sind Sie bereit für eine kleine Übung? Lernen Sie eine Technik kennen, die es Ihnen ermöglicht, innerhalb von Sekunden Ihre Power von damals zurückzuholen. Und zwar ab sofort und für immer.

ÜBUNG

Power auf Abruf!

Setzen Sie sich in einen bequemen Stuhl. Schließen Sie Ihre Augen, und entspannen Sie sich. Bleiben Sie ruhig eine Weile in diesem entspannten Zustand. Wenn Sie sich so richtig wohl fühlen, wenn Sie gelassen und ruhig sind, denken Sie an eine Situation in Ihrem Leben, in der Sie diese Kraft, diese Power hatten, die Sie heute so gerne wieder hätten. Es ist nicht wichtig, wann Sie dieses Erlebnis hatten. In Ihrer Kindheit, in Ihrer Jugend oder erst kürzlich. Wichtig ist nur, daß es ein Erlebnis ist, an das Sie sich gerne zurückerinnern. Versuchen Sie jetzt das Gefühl von damals wieder zu erleben. Keine Angst, Sie schaffen das problemlos.
Erinnern Sie sich daran, wie Sie sich damals gefühlt haben, wie Sie gelächelt haben, wie Sie geatmet haben in Ih-

rem Power-Zustand. Erleben Sie in Ihrem Stuhl noch einmal dieses tolle Gefühl des Unschlagbarseins. ***Dieses absolute Siegergefühl.***
Und jetzt kommt ein wichtiger Teil dieser Übung: Wenn Sie das Gefühl haben, am absoluten Höhepunkt des Erlebens zu sein, wenn Sie sich wieder in dieser tollen Stimmung wie damals befinden, dann ballen Sie Ihre linke Hand zur Faust, und sagen Sie „JAAAA!"
Öffnen Sie Ihre Augen, sehen Sie um sich, und führen Sie die Übung noch insgesamt viermal hintereinander durch, dann haben Sie den Power-Zustand in Ihrem Gehirn abgespeichert. Sie müssen bei Bedarf nur noch den richtigen Knopf drücken.

Bevor ich Ihnen verrate, wie Sie Ihren Power-Zustand abrufen können, ein Wort zu den Leserinnen und Lesern, die am Beginn der Übung gesagt haben: „Ich habe noch nie in meinem Leben so einen tollen Zustand des Unschlagbarseins erlebt. Was soll ich machen?" Keine Sorge, das ist überhaupt kein Problem. Sie wissen ganz sicher, wie Sie sich fühlen würden, wenn Sie nur ein einziges Mal in Ihrem Leben diesen Power-Zustand erleben könnten. Stellen Sie sich also in der Übung vor, wie Sie sich fühlen würden, wenn Sie diesen Power-Zustand erleben könnten. Wie würden Sie atmen, welche Körperhaltung würden Sie einnehmen? Wie würden Sie lächeln? Erleben Sie all diese Empfindungen ganz intensiv. Nehmen Sie sich Zeit. Werden Sie nicht ungeduldig, wenn sich die gewünschten Empfindungen nicht sofort einstellen. Am Höhepunkt Ihres inneren Erlebens ballen Sie Ihre linke Hand zur Faust und sagen „JAAA!" Wiederholen Sie die Übung mit aller Intensität noch viermal.

ÜBUNG

So rufen Sie Ihren Power-Zustand ab

Sobald Sie das nächste Mal höchste Power benötigen, atmen Sie zwei- bis dreimal tief durch die Nase ein, und durch den Mund wieder aus. Achten Sie darauf, daß Sie wirklich die ganze Luft aus Ihren Lungen hinausbringen. Jetzt ballen Sie Ihre linke Hand zur Faust und sagen entweder laut oder in Gedanken: „JAAA!" Und innerhalb von Sekunden werden Sie die Veränderung spüren. Sie befinden sich jetzt in Ihrem Power-Zustand, in dem Ihnen alles gelingen wird.

9.
Ich kann mich so schlecht konzentrieren

Konzentrationsschwäche ist eine weitverbreitete, ungeliebte Lebensbegleiterin. Wir alle kennen das: Jemand erzählt eine x-beliebige Geschichte. Wir hören aufmerksam zu, und am Ende fragt unser Gegenüber: „Was sagst du dazu?“ Zu unserem Erschrecken stellen wir fest, daß wir mit unseren Gedanken ganz woanders waren. Wesentliche Teile der Geschichte sind uns leider entgangen.
Oder: Sie studieren täglich verschiedene Berichte auf Ihrem Schreibtisch und fragen sich nachher: „Was war das noch mal, was ich hier gelesen habe?“
Haben Sie schon einmal Ihre Tageszeitung gelesen, ohne nachher zu wissen, was Sie gelesen haben? Genau so geht es uns mit Erzählungen unserer Lebenspartner oder Kinder. Wir können uns einfach nicht mehr so gut konzentrieren wie früher.
Das passiert nicht nur, wenn Sie passiv an einer Sache beteiligt sind. Manchmal, wenn Sie sich auf Ihre Arbeit voll konzentrieren wollen, ertappen Sie sich dabei, mit Ihren Gedanken „auf einer anderen Baustelle“ zu sein.
„Was kann ich dagegen unternehmen?“ fragen Sie sich: „So alt bin ich doch noch gar nicht ...“ Sie schreiben die Schuld sicherheitshalber dem Streß zu, dem Sie tagtäglich ausgesetzt sind. Außerdem wird man täglich älter und somit vergeßlicher, meinen manche.
Beides ist richtig, aber keine Lösung für das Problem. Wenn Sie sich damit abfinden wollen, daß man damit leben muß, gehen Sie weiter zum übernächsten Kapitel. Wenn Sie aber etwas dagegen unternehmen möchten und bereit sind, täglich 20 (!) Minuten Ihrer Zeit dafür einzusetzen, dann lesen Sie dieses und das nächste Kapitel zu Ende.
Es genügt allerdings nicht, die beiden Kapitel einfach zu Ende zu lesen. Sie müssen (zumindest) in den nächsten zwei Monaten das tun, was ich Ihnen vorschlage. *Und zwar täglich.*

REZEPT

Was Sie in diesen 20 Minuten täglich tun sollen? Häufig ist Konzentrationsschwäche eine Folgeerscheinung von unbewältigtem Dauerstreß (siehe auch mein Buch „So werden Sie zum Sieger!", Signum Verlag, 3. Aufl. 1999). Das bedeutet, daß Sie in erster Linie etwas tun müssen, um Ihren Streß wirkungsvoll abzubauen. (siehe Kapitel 10)

10.
Entspannungstraining
und welchen Erfolg Sie damit haben können

In den letzten 20 Jahren haben mehr als 1.000 Ärzte verschiedener Fachrichtungen meine Seminare besucht. Mit ihnen allen habe ich folgenden Dialog geführt:
Frage: „Haben Sie Patienten, die unter Dauerstreß oder/und Ängsten leiden?"
Antwort: „*Ja.*"
Frage: „Empfehlen Sie diesen Patienten Entspannungstraining?"
Antwort: „*Ja.*"
Frage: „Haben Sie ein Auto?"
Antwort: „*Ja.*"
Frage: „Ihr Auto hat ein Gebrechen. Bringen Sie es dann zur Reparatur?"
Antwort: „*Ja.*"
Frage: „Leiden Sie unter Dauerstreß?"
Antwort: „*Ja.*"
Frage: „Haben Sie etwas dagegen unternommen, zum Beispiel Entspannungstraining?"
Antwort: „*Nein.*"

Wir alle wissen, wie wertvoll regelmäßiges Entspannungstraining ist. Aber wer macht es wirklich, und dann auch noch regelmäßig? Dabei wissen wir aus den Sportberichten, daß unsere Sportidole innere Ruhe und Kraft für ihren Erfolg aus regelmäßigem Entspannungstraining „tanken". Im Wirtschaftsleben ist das jedoch nicht „in".
Beinahe jeder klagt über die große Streßbelastung, der er ausgesetzt ist. Viele von uns leiden unter den schädlichen Auswirkungen von Dauerstreß. Aber ehe es nicht zum totalen Zusammenbruch kommt, unternimmt kaum einer etwas dagegen.
Man klagt über zu viel Arbeit, über Schwierigkeiten mit Kunden und Lieferanten. Man hat Probleme mit Mitarbeitern und Vorgesetzten. Dazu kommen noch Belastungen im Privatleben, finanzielle Probleme, die schwere Erkrankung eines Familienmitgliedes u. a.

Als Folgeerscheinung all dieser Belastungen leiden wir unter Schlafstörungen, Herzjagen, Magenbeschwerden, Allergien usw. Man ist nicht mehr so unbeschwert und positiv, wie noch vor einigen Monaten. Nervosität und Konzentrationsschwierigkeiten machen sich bemerkbar. Berufliche und private Erfolge gehen manchmal dramatisch zurück. „Ich müßte etwas dagegen unternehmen", seufzen viele. Aber unternommen wird nichts. Bis, ja bis ...

REZEPT

Ich möchte Sie mit verschiedenen Entspannungs- und Konzentrationstechniken bekanntmachen. Es ist egal, für welche der beschriebenen Techniken Sie sich persönlich entscheiden. Denken Sie bitte immer daran: Mit einem nachhaltigen und wirklich spürbaren Erfolg können Sie erst nach etwa sechs bis acht Wochen regelmäßigen Trainings (täglich ca. 20 Minuten) rechnen. Sie haben jahrzehntelang nichts getan, jetzt müssen sich Körper und Geist erst einmal daran gewöhnen, daß auch für sie etwas getan wird.
Wenn es Ihnen spürbar besser geht, hören Sie nicht auf, sondern machen Sie weiter. Entspannungs- und Konzentrationstraining ist ein Dauerprogramm. Einmal täglich Entspannungstraining sollte genauso zur Gewohnheit werden wie täglich zweimal Zähneputzen.
Noch ein wichtiger Hinweis: Sie können den Erfolg Ihres Entspannungstrainings optimieren, wenn Sie es sich zur Gewohnheit machen, täglich etwa um die gleiche Zeit zu trainieren.

Selbsthypnose

Die Selbsthypnose war schon den Naturvölkern als magische Heilung bekannt. Sie ist eines der ältesten Verfahren, die uns heute bekannt sind. In unserer modernen Welt findet die Selbsthypnose in der Medizin, Psychologie, Zahnmedizin und im Sport immer mehr Anhänger.
Man versetzt sich dabei mit Hilfe verbaler Suggestionen oder bildhafter Vorstellungen in einen veränderten, trance-ähnlichen Bewußtseinszustand.
Aufgrund der guten Wirksamkeit wird die Selbsthypnose immer häufiger zur Streßbewältigung eingesetzt.

Wo können Sie Selbsthypnose lernen?
Entweder Sie kaufen sich eine entsprechende CD bzw. ein Kassetten-Programm, oder Sie besuchen einen der relativ zahlreich angebotenen Kurse.

Autogenes Training
Seit den 30er Jahren kennt man das vom deutschen Arzt J. H. Schulz entwickelte autogene Training. Das autogene Training baut auf der unmittelbaren Körper-/Geist-Verbindung auf. Man lernt dabei, unwillkürlich ablaufende Körperfunktionen, wie Herzschlag, Körpertemperatur oder Schmerzwahrnehmung (z. B. Migräne, Zahnschmerz), bewußt zu beeinflussen. Durch wiederholte formelhafte Vorsatzbildungen, wie zum Beispiel „Ich bin ganz ruhig, mein Arm ist ganz schwer ...“, wird eine zunehmende körperliche und geistige Entspannung erreicht.

Wo können Sie autogenes Training lernen?
Kurse für autogenes Training werden von den Volkshochschulen und anderen Instituten angeboten. Sie können sich aber auch ein Kassetten- oder CD-Programm besorgen.

Progressive Muskelentspannung nach Jacobson
Der amerikanische Psychologe Edmund Jacobson hat Ende der 20er Jahre sein Konzept zur progressiven Muskelentspannung als Methode zur körperlichen und geistigen Entspannung der Öffentlichkeit vorgestellt. Seither hat diese Entspannungsmethode einen Siegeszug um die Welt angetreten. Die progressive Muskelentspannung nach Jacobson ist heute die wohl am weitesten verbreitete Entspannungstechnik in der westlichen Welt.
Das Grundprinzip der progressiven Muskelentspannung besteht darin, nacheinander einzelne Muskelpartien des Oberkörpers (Hände, Unterarm, Oberarm), der Bauchmuskulatur, der Ober- und Unterschenkel und der Füße kurzfristig willentlich anzuspannen und anschließend wieder zu lockern. Die progressive Muskelentspannung ist eine der einfachsten und effizientesten heute bekannten Entspannungstechniken.

Wo können Sie progressive Muskelentspannung lernen?

Am besten über Lernkassetten oder CDs (z. B die CD „Körper und Geist harmonisieren" mit Peter F. Kinauer). Sie können aber auch einen der zahlreich angebotenen Kurse besuchen. Wir setzen in unseren Seminaren neben Biofeedback-Training auch die progressive Muskelentspannung als Entspannungsmethode ein.

Meditation

Meditation wird als „Weg nach innen" bezeichnet. Es gibt verschiedene Formen der Meditation. Alle haben eines gemeinsam: Ein Sichversenken, das durch Schweigen und Lauschen nach innen gekennzeichnet ist.

Bei der Meditation zentriert man seine Aufmerksamkeit auf eine monoton oder rhythmisch sich gleichmäßig wiederholende Reizquelle. Zum Beispiel Laute, ein Mantra, visuelle Vorstellungen, oder man konzentriert sich ausschließlich auf seinen Atem. Die Effekte der Meditation können sehr positiv sein. Gemeinsam ist allen Meditationsformen, daß sie ausnahmslos aus dem fernöstlichen Kulturkreis kommen.

Wo können Sie meditieren lernen?

Volkshochschulen, buddhistische Zentren und verschiedene andere Institute bieten Meditationskurse an.

Darüber hinaus gibt es ein begrenztes Angebot an guten Meditationskassetten und CDs.

Biofeedback-Training

Seit mehr als 30 Jahren kennt man Biofeedback-Training. Heute ist Biofeedback-Training eine anerkannte, wissenschaftliche Methode zum Streßabbau (auf andere Einsatzgebiete gehe ich hier nicht ein) und kontrollierten Verlernen von Ängsten.

Beim Biofeedback-Training werden durch elektronische Geräte bestimmte unbewußte Körperfunktionen hörbar und sichtbar gemacht. Dazu gehören u. a. Muskelspannungen, Körpertemperaturen, Schweißdrüsenproduktion, Gehirnwellenrhythmus usw.

Wir setzen in unseren Trainings hauptsächlich Hautwiderstands- und Muskelbiofeedback-Geräte ein. Ich gehe hier

nur auf das Biofeedback-Training mit Hautwiderstandsmeßgeräten näher ein.
In unserer hektischen Zeit haben wir es verlernt, auf die schwachen Signale unseres Körpers zu hören. Was uns fehlt, ist das „Ohr" für unsere Innenwelt. Dieses „Ohr nach innen" ist jedoch unbedingt erforderlich, wenn wir der Vielfältigkeit unserer Gesundheits- und Leistungsprobleme wirksam begegnen möchten. Wir verwenden als „Ohr" für unsere Innenwelt die Biofeedback-Geräte.
Streß kann zu teilweise dramatischen, grundlegenden biochemischen Veränderungen im Organismus führen. Eine dieser Veränderungen ist die Veränderung der Hautfeuchtigkeit. Unter Streß oder bei Angstzuständen produzieren wir mehr Schweiß, die elektrische Leitfähigkeit der Haut wird größer. Bauen wir Streß ab, wird die Haut trockener, die elektrische Leitfähigkeit der Haut wird geringer.
Beim Biofeedback-Training ist es auch dem Laien möglich, sich schon nach kurzer Trainingsdauer in das Stadium der Tiefentspannung zu versetzen. Dieser Erfolg wird häufig schon nach wenigen Trainingssitzungen erreicht.
Seit vielen Jahren ist Biofeedback-Training fixer Bestandteil des Trainingsprogramms vieler Spitzensportler aller Disziplinen. In der Medizin wird Biofeedback u. a. erfolgreich in der Migräne- und Angst-Therapie eingesetzt.

Wo können Sie Biofeedback-Training lernen?

Im medizinisch-technischen Fachhandel werden Hautwiderstands-Biofeedback-Geräte um ca. öS 5.000,– (ca. EURO 360,–) angeboten. Damit können Sie problemlos trainieren. Genaue, sehr einfache Bedienungsanleitungen liegen den Geräten bei.
In unseren Seminaren „Mehr Erfolg durch weniger Streß", „Befreien Sie sich von Ihren Ängsten" und „So werden Sie zum Sieger!" können Sie u. a. Biofeedback-Training kennenlernen.

II.
Ich kann nicht **abschalten**

Astrid hat einen interessanten Job gefunden, und einen Chef, der sie selbständig arbeiten läßt. Sie ist begeistert und geht völlig in ihrer Arbeit auf. Es macht ihr nichts aus, Überstunden zu machen, und manchmal nimmt sie sich sogar Arbeit mit nach Hause.
Nach etwa einem Jahr beklagt sich Ihr Partner über die immer kühler werdende Beziehung. Astrid sei völlig desinteressiert und geistesabwesend, weil sie auch abends und an den Wochenenden ununterbrochen an ihre Arbeit denke. Sie könne einfach nicht abschalten.
Die Beziehung droht zu zerbrechen.

Manfreds Frau leidet an Krebs. Auch er kann nicht abschalten, die Krankheit seiner Frau läßt seine Gedanken nicht los. Tag und Nacht ist er voller Sorge um sie.

Es ist aber nicht nur der Beruf, der uns nicht losläßt, oder die Sorge um einen kranken Partner oder ein krankes Kind, die uns 24 Stunden am Tag in Atem hält. Das können genausogut eine unglückliche Partnerschaft sein oder finanzielle Probleme, die kein Ende nehmen. Oder es setzt uns jemand im Betrieb so unter Druck, daß wir beinahe daran zerbrechen, oder aber wir sind Mobbing ausgesetzt.

Alle diese Situationen haben eines gemeinsam: Wir beschäftigen uns in Gedanken beinahe unentwegt damit. Geht es Ihnen auch so? Dann ist es an der Zeit, daß Sie etwas für sich tun.

REZEPT

In Kapitel 10 habe ich eine ganze Reihe von Entspannungstechniken beschrieben. Suchen Sie sich diejenige aus, die Ihnen aufgrund der Beschreibung am meisten zusagt. Und dann machen Sie während der nächsten zwei Monate täglich eine Entspannungssitzung von etwa 15–20 Minuten Dauer. Nach kurzer Zeit schon werden Sie feststellen, daß sich Ihr

Zustand verbessert hat. Dabei ist es unerheblich, ob die Streßquelle auch weiterhin existiert oder nicht. Manche Stressoren (Stressoren sind Streßauslöser) sind leider nicht veränderbar, wie zum Beispiel unheilbare Krankheiten. Was wir aber sehr wohl beeinflussen können, ist unsere Frustrationstoleranzgrenze.
Durch regelmäßiges Entspannungstraining erhöhen Sie Ihre Frustrationstoleranzgrenze. Der angenehme Nebeneffekt von regelmäßigem Entspannungstraining ist, daß wir dadurch auch lernen, abzuschalten und uns wieder besser zu konzentrieren.

Wenn Sie darüber hinaus auch noch Dinge tun, die Ihnen ganz persönlich Freude machen, wie zum Beispiel Musik hören oder selbst musizieren, spazieren gehen, laufen, wandern, radfahren usw., dann werden Sie, selbst wenn Sie auf den Streßauslöser keinen Einfluß nehmen können, bald wieder mehr Lebensqualität haben.

Halte dir jeden Tag
30 Minuten für deine
Sorgen frei,
und mache in dieser Zeit
ein Nickerchen.

Abraham Lincoln

12.

Vor wichtigen Gesprächen bin ich so furchtbar nervös

Das ist ein Thema, mit dem ich in beinahe jedem Seminar konfrontiert werde. Überraschend viele Erwachsene berichten über dieses Phänomen. Wir alle möchten in jeder Situation ruhig und gelassen bleiben. Selbst erfahrene Manager sind aber manchmal so aufgeregt, daß sie keinen klaren Gedanken fassen können. Die Zahl derer, die sich über ihre Reaktionen in solchen Situationen grün und blau geärgert haben, ist nicht feststellbar. Sie können sich aber leicht vorstellen, wie oft das passiert.
Wie kann man diese Nervosität in den Griff kriegen? Haben Sie schon einmal einen Ski-Rennläufer oder einen Leichtathleten kurz vor dem Start beobachtet? Wenn Sie genau hingesehen haben, dann haben Sie eine ähnliche Nervosität bemerkt, wie Sie sie auch bei sich selbst schon beobachtet haben. Im Augenblick des Starts jedoch sind diese Sportler auf einmal ganz ruhig und völlig in sich versunken. Sie befinden sich in diesem Augenblick in einem Zustand höchster Konzentration und Power. Das können Sie bei Sportlern aller Disziplinen beobachten.

ÜBUNG

So kriegen Sie Ihre Nervosität in den Griff

Etwa zehn Minuten, bevor Sie in die schwierige Besprechung gehen, ziehen Sie sich an einen Platz zurück, wo Sie ein paar Minuten ungestört sind.
Sollte dies nicht möglich sein, gehen Sie eben mal auf die Toilette und bereiten sich dort vor. Ich weiß, es klingt ungewöhnlich, aber wenn das der einzige Platz ist, an dem Sie ungestört sein können, warum nicht? Niemand außer Ihnen selbst weiß, aus welchem Grund Sie dort sind. Denken Sie immer daran: Der Zweck heiligt die Mittel!
Setzen Sie sich so bequem wie möglich hin, lehnen Sie sich zurück, schließen Sie die Augen. Legen Sie beide Hände auf den Bauch, und atmen Sie über die Nase ein. Sie spüren, wie sich Ihr Bauch hebt. Öffnen Sie leicht Ihren Mund, und atmen Sie durch den Mund aus. Der Bauch senkt sich.

Durch die Bauchatmung werden Sie nach kurzer Zeit relativ ruhig. Atmen Sie langsam und ruhig weiter. Ein atmen – der Bauch hebt sich; ausatmen – der Bauch senkt sich. Machen Sie diese Atemübung mindestens zehnmal. Aber ohne Hektik!
Während Sie ganz ruhig über den Bauch atmen, erinnern Sie sich an eine Situation in Ihrem Leben, die sehr schwierig war. Erinnern Sie sich daran, wie toll, mit welcher Überlegtheit und Ruhe Sie diese schwierige Situation gemeistert haben. Es ist völlig ohne Bedeutung, wann und in welchem Lebensbereich Sie diese Situation erlebt haben.
Versuchen Sie, während Sie ruhig über den Bauch weiteratmen, diese Situation in Ihrer Vorstellung nochmals zu erleben. Und zwar mit allen dazugehörenden Empfindungen, die Sie auch damals hatten. Keine Sorge, es funktioniert ganz ausgezeichnet. Verstärken Sie diese Empfindungen (was haben Sie damals gefühlt, wie haben Sie dagestanden, dagesessen, wie haben Sie gelächelt, geatmet usw.), und versetzen Sie sich in genau diesen Zustand. Wenn Sie das Gefühl haben, daß Sie es geschafft haben, sagen Sie laut oder leise oder in Gedanken: „JAAA", und lächeln Sie dabei strahlend.
Jetzt stellen Sie sich die kommende Situation vor, und bleiben Sie in Ihrem Siegergefühl. Atmen Sie weiter ganz ruhig ein – der Bauch hebt sich; und aus – der Bauch senkt sich. Setzen Sie ein gewinnendes Lächeln auf, und sehen Sie sich im Ziel. Sehen Sie, wie Sie die Situation bravourös gemeistert haben. Jetzt sagen Sie wie vorhin „JAAA". Lächeln Sie, setzen Sie Ihr Siegerlächeln auf, stehen Sie auf, und gehen Sie in Ihre Besprechung.
Nicht vergessen: *Wenn Sie den Raum betreten, lächeln Sie, stehen und gehen Sie aufrecht, und sagen Sie nochmals „JAAA".*
Sie werden es erleben: Sie sind nicht mehr aufgeregt, Sie gehen mit dem Gefühl des Siegers an den Verhandlungstisch.

Manchmal kommt es vor, daß jemand noch nie in seinem Leben eine so tolle Situation erlebt hat, aus der er/sie daraus Kraft für die Zukunft schöpfen kann. Kein Problem!

Was Sie aber ganz bestimmt wissen, ist, wie Sie sich in einer solchen Erfolgssituation fühlen würden. Versetzen Sie sich gedanklich in diese Gefühlssituation. Dann machen Sie die Übung wie oben besprochen. Auch Ihnen ist der Erfolg sicher!

Denke immer daran,
daß deine eigene
Entschlossenheit,
erfolgreich zu sein,
wichtiger ist
als alles andere.

Abraham Lincoln

13.

Wenn ich vor mehr als zwei Personen sprechen muß, bin ich aufgelöst und habe Redeangst

In einem meiner Seminare habe ich einmal die Frage gestellt, wer Redeangst habe. Zögernd hoben drei Personen die Hand. Alle anderen taten so, als ob Redeangst etwas sei, was man nur vom Hörensagen kenne. Daraufhin machte ich mit drei Teilnehmern, die nach eigenen Angaben nicht unter Redeangst litten, folgendes Experiment: Jeder von den dreien bekam ein Blatt Papier, auf dem ein Witz stand. Die Aufgabe war, diesen Witz ganz einfach nachzuerzählen. Keiner von ihnen schaffte es vor einem Publikum von nur neun Personen (!), den eben erst gelesenen Witz vollständig und mit der Pointe nachzuerzählen. Mit einem Mal wußten alle, was wir meinen, wenn wir von Redeangst sprechen. Redeangst ist nicht abhängig von der Anzahl der Zuhörer. Allein die Tatsache, daß es Zuhörer gibt, macht Streß.

ÜBUNG

So bekommen Sie Ihre Redeangst in den Griff, wenn Sie vor kleinen Gruppen sprechen

Schritt 1: *Wann immer das Wort an Sie gerichtet wird, atmen Sie ganz ruhig ein- bis zweimal mit dem Bauch ein und wieder aus. Niemand wird etwas daran finden, wenn Sie zwei bis drei Sekunden Zeit zum Nachdenken brauchen.*
Schritt 2: *Nehmen Sie mit jedem Gruppenmitglied ganz bewußt Blickkontakt auf. Die paar Sekunden, die das braucht, nutzen Sie, um Ihre Gedanken zu ordnen.*
Schritt 3: *Lächeln Sie! Und dann sprechen Sie. Sprechen Sie nicht nur zum Vorgesetzten oder zu der nach Ihrer Meinung wichtigsten Person in dieser Runde, sondern zu allen Gruppenmitgliedern. Nicht vergessen: Nehmen Sie immer wieder Blickkontakt zu jedem Mitglied der Gruppe auf.*
Wenn Sie unter Redeangst leiden, machen Sie bitte nicht den Fehler, jedesmal, wenn jemand das Wort an Sie richtet, wie aus der Pistole geschossen zu antworten. Lassen Sie sich Zeit, dann müssen Sie sich nachher nicht über sich selbst ärgern! Bedenken Sie noch etwas: Sie haben immer Kredit bei Ihren Zuhörern. Der Kredit erlischt jedoch, wenn Sie (in Ihrer Aufregung) Unsinn reden.

ÜBUNG

So haben Sie Ihre Redeangst im Griff, wenn Sie vor großem Publikum sprechen

Wenn Sie vor großem Publikum sprechen müssen, stehen Sie normalerweise hinter einem Rednerpult. Manchmal haben Sie aber auch kein schützendes Pult zwischen sich und den Zuhörern. Das bedeutet, daß Sie, wenn Sie dran sind – um zum Rednerpult oder zur Position, von der aus Sie sprechen sollen, zu gelangen –, einige Meter zurücklegen müssen. Viele Menschen sind so aufgeregt, daß sie auf dem Weg zu ihrem Standort nichts von alledem wahrnehmen, was um sie herum vorgeht.

Schritt 1: *Wenn Sie an der Reihe sind, erheben Sie sich langsam von Ihrem Platz. Zaubern Sie ein Lächeln auf Ihre Lippen (Ihre Zuhörer sollen sehen, daß Sie sich freuen, zu ihnen zu sprechen). Nehmen Sie, sofern Sie welche haben, Ihre Unterlagen, und gehen Sie langsam und bedächtig zum Rednerpult. Blicken Sie dabei nicht ins Publikum, sondern konzentrieren Sie sich ausschließlich auf Ihre Schritte. Zählen Sie Ihre Schritte bis zum Rednerpult.*

Schritt 2: *Sie sind beim Rednerpult angekommen. Legen Sie langsam und ohne jegliche Hektik Ihre Unterlagen auf das Pult. (Wenn Sie keine Unterlagen bei sich haben, machen Sie weiter mit Schritt 3.) Ordnen Sie ganz ruhig Ihre Unterlagen. Atmen Sie ganz bewußt langsam durch die Nase ein und durch den Mund wieder aus. Atmen Sie nicht zu heftig, damit Sie nicht hyperventilieren, was zur Folge haben könnte, daß Ihnen unter Umständen schwarz vor Augen wird. Ideal wäre es, wenn es Ihnen gelänge, auch in dieser Situation über den Bauch zu atmen.*

Schritt 3: *Heben Sie jetzt den Kopf, und blicken Sie mit einem freundlichen Lächeln ins Publikum. Lassen Sie Ihren Blick kreisen. Pflegen Sie Blickkontakt nicht nur zu der ersten Reihe oder zu einer Person, die Sie kennen. Suchen Sie auch mit der letzten Reihe Kontakt. Und jetzt sprechen Sie! (Wenn Sie sich perfektionieren möchten, kontaktieren Sie mich zwecks Informationsmaterial zu meinem Seminar „Das Redetraining".)*

14.

Meine Tränen fließen *immer im falschen Moment*

Bei Grete sitzen die Tränen sehr locker. Sie weint nicht nur bei rührseligen Filmen, was ja auch hartgesottenen Typen widerfahren kann. Sie weint bei jeder Gelegenheit. Meistens dann, wenn sie sich angegriffen fühlt.
Die einen behaupten, sie benutze ihre Tränen als Waffe. Andere wiederum belächeln sie wegen dieser Schwäche. Tatsache ist, daß Grete unter ihren locker sitzenden Tränen leidet.
In einer Seminarpause kam Grete zu mir und klagte mir ihr Leid. „Was kann ich dagegen tun?" fragte sie mich.

Immer, wenn wir zu Tränen gerührt sind – und das sind wir alle schon mal gewesen –, arbeiten unsere beiden Gehirnhälften nicht optimal zusammen. Wir erleben die jeweiligen Situationen wesentlich stärker mit einer Gehirnhälfte, und zwar mit der rechten (diese ist für Gefühle und Emotionen zuständig), und nicht so sehr mit der logischen, analytischen linken Gehirnhälfte. Anders wäre es gar nicht möglich, daß wir zum Beispiel beim Ansehen eines Films zu Tränen gerührt sind. Und das, obwohl wir wissen, daß es sich nur um einen Film und nicht um die Realität handelt.
Wie kann man das ändern? Ganz einfach! *Ich habe Grete geraten, folgendes zu tun:*

REZEPT

Immer dann, wenn Sie bemerken, daß die Tränen wieder mal ganz locker sitzen und die Schleusen sich jeden Augenblick zu öffnen drohen, sollten Sie ganz bewußt Ihre linke Gehirnhälfte einschalten.
Sagen Sie zu sich selbst: „Jetzt werde ich gleich wieder anfangen zu heulen." Durch das bewußte Einschalten der linken Gehirnhälfte haben die Tränen keine Chance mehr.
Ich habe diese Technik in den letzten Jahren vielen Menschen empfohlen. Die Rückmeldungen sind ausschließlich positiv.
Also, wenn auch bei Ihnen die Tränen zu locker sitzen, versuchen Sie es ganz einfach mit dieser Technik.

15.
Wenn Sie wieder mal Gefahr *laufen „auszurasten"*

Einer meiner Freunde ist ein ganz lieber Mensch. Er hat nur eine unangenehme Schwäche: Er reagiert in manchen Situationen sehr emotional, das heißt, er hat sich nicht unter Kontrolle. Ergebnis ist, daß er oft wegen Kleinigkeiten losbrüllt wie ein Löwe. Das bringt ihm natürlich gar nichts, denn seine Gesprächspartner ziehen sich verletzt zurück. Zwar tut es ihm nachher leid, aber gebrüllt ist gebrüllt.

REZEPT

Wenn Sie zu der Kategorie der Losbrüller gehören, versuchen Sie doch jene Technik, die ich gerade eben bei den Tränen, die so locker sitzen (Kapitel 14), beschrieben habe. Sagen Sie ab sofort jedesmal, wenn Sie glauben, daß Sie gleich losbrüllen werden, zu sich selbst: „Jetzt werde ich sicher gleich losbrüllen oder ausrasten."
Sie werden feststellen, daß diese Technik auch Ihnen hilft. Ihre Mitmenschen werden dankbar, und Sie werden erleichtert sein.

16.
Manchmal habe ich einen Punkt erreicht, an dem ich glaube, **daß ich nicht mehr kann**

Jeder von uns kennt das: Man ist völlig ausgepowert und hat das Gefühl, daß es nicht mehr weitergeht. Der sogenannte „tote Punkt" ist erreicht, aber der Tag ist noch lange nicht zu Ende. Man braucht Kraft, um den Tag erfolgreich zu überstehen. Die Frage ist nur, woher man sich diese Kraft für den restlichen Tag holen soll.

Nach dem Zweiten Weltkrieg, dem Korea- und Vietnamkrieg haben Wissenschaftler überlebende Soldaten befragt. Ziel der Befragungen war es, herauszufinden, was diesen Menschen die Kraft gegeben hat, die Hölle des Krieges zu überleben. Nicht aufzugeben, obwohl sie am Ende ihrer Kräfte waren.
Das Ergebnis war gleichermaßen faszinierend wie einfach. Die meisten Befragten erzählten, daß sie in diesen schwierigen Situationen neue Kraft aus Fotos und Briefen aus der Heimat geschöpft hatten. Fotos von der Familie, dem Hund, dem Haus, in dem sie gewohnt hatten. Aus Briefen von der Frau, den Kindern, der Geliebten. Immer dann, wenn einer dieser Soldaten geglaubt hatte, nicht mehr weiter zu können, schöpfte er aus den Bildern und Briefen seiner Lieben neue Kraft. Kraft für den Überlebenskampf an der Front.

REZEPT

Was können wir daraus lernen? *Angenommen, Sie arbeiten in einem Büro. Sie haben Ihren eigenen Schreibtisch. Oder sogar ein eigenes Büro. Stellen oder hängen Sie Bilder oder Fotos von Menschen auf, die Sie lieben. Wenn Sie ein Hobby haben, stellen oder hängen Sie Bilder und Fotos z. B. von Ihrem letzten Urlaub, vom Segeln, vom Paragleiten, vom Schwimmen, vom Schwammerlpflücken, von einer schönen Wanderung usw. auf. Immer dann, wenn Sie den „toten Punkt" erreicht haben, machen Sie ein paar Minuten Urlaub vom Alltag und betrachten Ihre Bilder und Fotos. Sie werden überrascht sein, wieviel Kraft Sie damit für die nächsten Stunden getankt haben.*

Das gleiche können Sie selbstverständlich auch mit Musik machen: Wenn Sie erschöpft und ausgepowert sind, hören Sie sich Ihre Lieblingsmusik an. Wenn Sie in einer Firma arbeiten, wird das mit der Musik nicht immer einfach sein. In diesem Fall stellen oder hängen Sie Ihre Fotos auf.

Hol dir die Kraft
aus dem,
was du liebst.

PETER F. KINAUER

17.
So werden Sie ein **guter Zuhörer**

Karin kam eines Tages zu mir und erzählte mir, sie sei eine schlechte Zuhörerin und ärgere sich deswegen immer wieder über sich selbst. Ihre Frage an mich: „Was kann ich tun, um diese Schwäche zu korrigieren?"

Wir alle kennen das: Jemand erzählt uns etwas, was uns eigentlich nicht sonderlich interessiert, also schweifen wir mit unseren Gedanken ab.
Ist unser Gesprächspartner dann mit seiner Geschichte fertig und befragt uns nach unserer Meinung oder bittet uns gar um Rat, haben wir ein großes Problem. Da wir mit unseren Gedanken ganz woanders waren, wissen wir oft gar nicht, worum es eigentlich ging. Das passiert uns bei Kindern wie Erwachsenen.
Es ist alles andere als angenehm, zugeben zu müssen, daß wir nicht bei der Sache waren. Also, was tun?

REZEPT

Mein Vorschlag: *Hören Sie aktiv zu! Sie werden jetzt fragen: „Und, was bedeutet das, aktives Zuhören?" Es nicht so schwierig, wie Sie vielleicht befürchten.*
Aktives Zuhören bedeutet, daß Sie zunächst einmal Ihren Gesprächspartner ansehen. Des weiteren bedeutet aktives Zuhören, daß Sie immer wieder einmal etwas ins Gespräch einwerfen. Das kann zum Beispiel ein einfaches „Aha" oder „Das ist ja interessant" usw. sein. Wenn Ihr Gesprächspartner zu Ende ist, wiederholen Sie seine Geschichte mit Ihren eigenen Worten – unter dem Motto: „Wenn ich dich richtig verstanden habe, dann verhält sich die Sache so: ..."
Diese Technik hat den Vorteil, daß Sie damit eventuelle Kommunikationsfehler ausschalten. Jedesmal, wenn Ihre Nacherzählung nicht dem entspricht, was Ihr Gegenüber erzählt hat, werden Sie von ihm korrigiert.
Ihr Gesprächspartner bekommt das Gefühl, daß Sie sich wirklich mit ihm und seinem Problem auseinandersetzen. Das sind Streicheleinheiten für sein Selbstbewußtsein!
Sie aber gewinnen durch das Nacherzählen Zeit zum Nach-

denken, was Sie als Lösung für das Problem anbieten können. Wählen Sie diese Vorgangsweise, und Sie sind in ganz kurzer Zeit schon einer der beliebtesten Zuhörer.
Wenn Ihnen das nächste Mal – und das kann schon in ein paar Minuten sein – jemand eine Geschichte erzählt, beginnt Ihr Training!

Du kannst
mit einem Menschen
stundenlang
über ihn selbst reden.
Höre einfach zu
und stelle Fragen.

PETER F. KINAUER

18.

Alle kommen immer zu mir, *wenn sie was brauchen*

Gehören Sie auch zu denen, die nicht NEIN sagen können, wenn jemand etwas von ihnen möchte? Zu jenen Mitmenschen, von denen man alles haben kann? Im Büro laden alle alles auf Ihrem Schreibtisch ab. Zu Hause sind Sie der Dienstbote für die ganze Familie. Wann immer ein Bekannter anruft und ein Anliegen hat – Sie sind immer bereit zu helfen. Und nicht immer machen Sie all das, worum Sie gebeten werden, auch begeistert. Sie können einfach nicht NEIN sagen. Sie hätten ein furchtbar schlechtes Gewissen, wenn Sie irgend jemandem eine Bitte abschlagen müßten. Also sagen Sie lieber JA.

Sie sind mit der Situation nicht glücklich, manchmal sind Sie sogar ein bißchen unglücklich über die Tatsache, daß Sie von Ihren Mitmenschen so schamlos ausgenutzt werden. Aber, Sie können halt nicht aus Ihrer Haut heraus, und deshalb sind Sie rund um die Uhr für die anderen beschäftigt. Für sich selbst bleibt keine Zeit mehr. Und das ist es, worunter nicht nur Sie, sondern auch viele andere Menschen leiden. Sie haben keine Zeit mehr für sich selbst und für die Dinge, die ihnen Freude machen. Das bedeutet: Verschenken von Lebensqualität. Und diese verschenkte Lebensqualität kann nicht mehr nachgeholt werden.

Die gute Nachricht ist: Sie können das ändern!

Die schlechte Nachricht ist: Nur **Sie** können diesen Zustand verändern! Sie wissen selbst am besten, wieviel Zeit Sie unnütz für die anderen verplempern. Für Gefälligkeiten und sogenannte Freundschaftsdienste, die Ihre Zeit, Ihre Nerven und manchmal auch Ihr Geld kosten. ***Lassen Sie sich von Ihren Mitmenschen nicht länger manipulieren! Heute ist der erste Tag Ihrer neuen Lebensqualität.***

REZEPT

Sagen Sie öfter mal NEIN, und das ohne Skrupel und ohne schlechtes Gewissen.

Wenn Ihre halbwüchsige Tochter unbedingt noch eine Bluse oder ein T-Shirt gebügelt haben möchte, Sie aber selbst schon unter Zeitdruck stehen, dann sagen Sie NEIN! Ihre

Tochter kann ruhig einmal selbst zum Bügeleisen greifen. Wenn im Betrieb schon wieder ein Kollege einige unangenehme Telefonate auf Sie abschieben will, sagen Sie NEIN! Wenn ein Bekannter anruft und Sie schon zum x-ten Mal um eine „wichtige" Gefälligkeit bittet, die Ihnen jetzt gar nicht in den Kram paßt, sagen Sie einfach NEIN!

Aller Anfang ist schwer!

Wenn man sein ganzes Leben immer nur für die anderen da war, ist es gar nicht so leicht, NEIN zu sagen. Das schlechte Gewissen fährt immer mit.

Sie wollen mehr Zeit für sich selbst gewinnen? Dann müssen Sie vor allem dort beginnen, wo Ihnen Ihre Mitmenschen die Zeit stehlen.

Ich möchte nicht, daß Sie den Eindruck bekommen, ich würde Sie auffordern, vom hilfsbereiten und immer verfügbaren helfenden Engel zum immer NEIN-sagenden unbeliebten Subjekt zu mutieren. Was ich Ihnen vorschlage, ist, daß **Sie** es in Zukunft sind, der über Ihre Zeit bestimmt, und nicht Ihre Mitmenschen. Sie werden feststellen, daß Sie, ohne daß Sie an Ansehen und Beliebtheit verlieren, in mindestens 50 Prozent der Fälle ohne negative Folgen NEIN sagen können.

Machen Sie aber bitte nicht den Fehler, vor lauter schlechtem Gewissen Ihr NEIN umständlich und wortreich zu begründen. Es genügt, wenn Sie sagen: „NEIN, heute nicht. Ich habe keine Zeit." oder „Ich habe selbst viel zu tun." Oder aber Sie sagen, daß es Ihnen einfach keinen Spaß macht. Aber bitte erzählen Sie keine endlosen Geschichten zu Ihrer Entschuldigung.

Sie werden auch lernen zu selektieren. Sie werden sehr bald erkennen, ob ein Anliegen wirklich dringend und Ihre Hilfe notwendig ist, oder nicht. Und mit einem Mal wird Ihr Leben wieder Qualität haben. Endlich haben Sie Zeit für sich und die Dinge, die Ihnen Freude machen.

Sie werden feststellen: Ihre Umwelt gewöhnt sich sehr rasch an die geänderte Situation.

19.

Manchmal habe ich echte **Entscheidungsprobleme**

Alexander war ein gutbezahlter, talentierter Werbegrafiker in einer mittelgroßen Werbeagentur in Wien. Die Arbeit machte ihm Spaß. Einige seiner Arbeiten wurden sogar mit Preisen ausgezeichnet. Das Betriebsklima war ausgezeichnet, die Kolleginnen und Kollegen angenehm. Man traf sich sogar in der Freizeit, um auch diese teilweise gemeinsam zu verbringen.
Zwei Tage vor unserem Gespräch hatte Alexander ein Angebot von einer großen internationalen Agentur bekommen. Ein interessantes Angebot: mehr Gehalt, größere Gestaltungsfreiheit, ein eigenes Büro und ein paar Kleinigkeiten mehr. Das Angebot war verlockend. Alexander überlegte seit zwei Tagen hin und her und wußte nicht, wie er sich entscheiden sollte.
Vieles sprach für die Agentur, bei der er jetzt beschäftigt war. Und das neue Angebot hatte natürlich, abgesehen vom finanziellen Aspekt, auch so seine Reize: neue Menschen, neue Herausforderungen. Er könnte sich mehr leisten, weil das Gehalt höher wäre. Aber so sehr er auch überlegte und die Vor- und Nachteile beider Unternehmen gegeneinander abwog, er kam einfach zu keiner Lösung.

Ähnlich wie Alexander geht es vielen Menschen, wenn sie Entscheidungen treffen müssen. Manchmal entscheidet man sich für die eine Sache, trauert aber dann der anderen nach: „War das wirklich die richtige Entscheidung, hätte ich mich nicht besser doch für was anderes entscheiden sollen?“ Es ist immer das gleiche Dilemma. Dabei spielt es keine Rolle, um welchen Lebensbereich es sich handelt. Im Privatleben hadert man mit der Entscheidung, daß man vielleicht doch das falsche Urlaubsziel ausgewählt hat usw. Im Berufsleben fragt man sich, ob es nicht doch besser gewesen wäre, wenn man in seiner Abteilung geblieben wäre.
Wie kann man diesem Dilemma entkommen und die für sich im Augenblick richtige Entscheidung treffen?

ÜBUNG

Wenn Sie wieder einmal nicht wissen, wofür Sie sich entscheiden sollen, versuchen Sie es doch wie Alexander mit folgendem Test:

Der Fingertest

Diesen Test können Sie überall, im Stehen oder im Sitzen, ohne großen Aufwand durchführen. Der Vorteil ist, daß Sie keinen Partner dafür brauchen. Bevor Sie den Test machen, trinken Sie ein Glas Wasser, und versuchen Sie sich zu entspannen.
Führen Sie die Spitzen Ihres Daumens und Ihres Zeigefingers der linken Hand (wenn Sie Linkshänder sind, dann machen Sie das mit der rechten Hand) so zusammen, daß die beiden Finger einen Kreis bilden. Jetzt haken Sie den gekrümmten Zeigefinger der anderen Hand in diesen Ring ein. Versuchen Sie nun den Ring auseinanderzubringen, indem Sie mit dem eingehakten Zeigefinger daran ziehen.
Bevor Sie an Ihr Entscheidungsproblem gehen, machen Sie noch einige Vortests:

1.
Der Namenstest
Teil 1

Sagen Sie „Ich heiße ...“, und nennen Sie Ihren Vornamen. Versuchen Sie jetzt den Fingerring auseinanderzuziehen. Versuchen Sie sich zu merken, wie schwierig das war. Das ist Ihre Marke für JA.

2.
Der Namenstest
Teil 2

Wiederholen Sie nun den Test, indem Sie wieder sagen: „Ich heiße ...“; nennen Sie dieses Mal jedoch einen x-beliebigen Namen – auf keinen Fall aber den Namen einer Ihnen nahestehenden Person! Gleichzeitig ziehen Sie wieder den Ring aus Daumen und Zeigefinger auseinander. Jetzt müßten Sie den Ring leichter auseinanderbringen. Das ist Ihre Marke für NEIN.

3.
Der Smiley-Test
Teil 1

Zeichnen Sie auf ein Blatt Papier einen schönen Smiley. Sehen Sie den Smiley ein paar Sekunden intensiv an. Ziehen Sie wieder den Ring aus Daumen und Zeigefinger auseinander. Merken Sie sich die aufgewendete Kraftanstrengung. Das ist Ihre Marke für JA.

4.
Der Smiley-Test
Teil 2

Zeichnen Sie nun einen Smiley mit herabhängenden Mundwinkeln. Schauen Sie auch diesen traurig blickenden Smiley ein paar Sekunden intensiv an. Danach versuchen Sie wieder den Fingerring auseinanderzuziehen. Die dafür aufgewendete Kraftanstrengung ist jetzt geringer. Merken Sie sich auch diese. Das ist Ihre Marke für NEIN.

Jetzt gehen Sie an Ihr Entscheidungsproblem. Stellen Sie sich die ***erste Entscheidungsmöglichkeit*** *vor, und denken Sie: „Das ist die richtige Entscheidung für mich." Ziehen Sie jetzt an Ihrem Fingerring. Wenn Sie die Vortests gemacht haben, können Sie nun unschwer feststellen, ob der Fingerring schwer oder leicht auseinanderzubringen ist. Anschließend stellen Sie sich die* ***zweite Lösungsvariante*** *vor, und denken Sie wieder: „Das ist die richtige Entscheidung für mich." Ziehen Sie den Fingerring auseinander, und stellen Sie den Unterschied zu vorher fest.*
Jetzt wissen Sie, wofür Sie sich innerlich entschieden haben. Was Sie nicht wissen, ist, ob es die richtige Entscheidung ist, die Sie innerlich getroffen haben. Wichtig für Sie ist jedoch die Erkenntnis, daß Sie sich in Ihrem Innersten bereits entschieden haben. Die inneren Entscheidungen treffen wir lange, bevor wir uns mit dem Verstand entscheiden.

Alexander hat sich für die neue Herausforderung entschieden und ist in der neuen Agentur sehr glücklich, wie er mir in einem Telefonat berichtete.

Wenn Sie den Entscheidungstest mit einem Partner oder einer Partnerin durchführen möchten, empfehle ich Ihnen den Armtest.

ÜBUNG

Der Armtest

Stellen Sie sich Ihrem Partner gegenüber auf. Lassen Sie beide Arme seitlich am Körper herunterhängen. Dann heben Sie einen Arm seitlich hoch, bis dieser im rechten Winkel vom Körper weggestreckt ist.
Ihr Partner versucht jetzt gegen Ihren Widerstand Ihren Arm wieder an den Körper zu bringen. Er versucht mit seiner flachen Hand Ihren Arm an Ihren Körper zu drücken.
Sie leisten dagegen Widerstand.
Anschließend machen Sie die gleichen Vortests, die ich beim Fingertest beschrieben habe. Jetzt allerdings mit Partner und Ihrem ausgestreckten Arm.
Wenn sich Ihr Partner den Widerstand, den Sie jeweils geleistet haben, eingeprägt hat, können Sie mit der eigentlichen Entscheidungsübung beginnen.

Wie wirkt der Muskeltest?
Starke Muskeln im Test sind ein Zeichen für ungehinderten, starken Energiefluß. Sie haben JA getestet.
Ein schwaches Testergebnis läßt den Rückschluß zu, daß die Muskeln im Augenblick nicht mit Energie versorgt werden. Die getesteten Muskeln können ihre Kraft nicht entfalten. Das ist wie bei einem Auto, dem die Benzinzufuhr abgestellt wird. Sie haben NEIN getestet.
Ihr Gehirn hat die Energiezufuhr einmal nicht behindert; Sie haben stark getestet (JA). Beim zweiten Mal hat das Gehirn den Energiefluß reduziert. Sie haben schwach getestet (NEIN).

Ich möchte betonen, daß beide Tests ausschließlich Ihre Gefühle widerspiegeln. Sie geben keinen Aufschluß darüber, ob Ihre innere Entscheidung vernünftig ist oder nicht. Den meisten Menschen ist allerdings schon sehr geholfen, wenn sie sich über ihre Gefühle Klarheit verschafft haben.

20.
So gehen Sie mit **Problemen** *um*

In meinen ersten Berufsjahren habe ich viele Seminare besucht, die mir in meiner persönlichen und beruflichen Entwicklung sehr geholfen haben. Immer wieder hörte ich von den Vortragenden den Satz: „Es gibt keine Probleme, es gibt nur Herausforderungen!" Manchmal habe ich mir dabei gedacht: „Na, der sollte einmal meine Probleme haben!" Ich konnte meine Probleme einfach nicht als Herausforderungen sehen. Und viele meiner Probleme blieben ungelöst. Erst Jahre später, nachdem ich mich mit den Ergebnissen der modernen Gehirnforschung beschäftigt hatte, ist es mir gelungen, dieses Mysterium zu lösen.

Wie Sie wissen, besteht unser Gehirn aus verschiedenen Teilen. Wir wollen uns an dieser Stelle nur mit der rechten und der linken Gehirnhälfte beschäftigen. In der linken Gehirnhälfte sind u. a. die Sprache, das logische Denken, unser Zahlengedächtnis und das analytische Denken angesiedelt. Die rechte Gehirnhälfte ist u. a. für die Phantasie, das räumliche Denken, die Kreativität, Bilder und das Rhythmusgefühl zuständig.
Im Idealzustand, das heißt, wenn es uns psychisch gut geht, arbeiten beide Gehirnhälften optimal zusammen. Alles geht uns gut von der Hand. Wir fühlen uns wohl.
Immer dann, wenn unsere beiden Gehirnhälften nicht optimal zusammenarbeiten, bekommen wir Probleme, wenn es darum geht, schwierigere Aufgaben zu lösen. Es fallen uns keine Lösungen ein. Die gestellte Aufgabe wird zum Problem.

Kommt Ihnen die folgende Situation bekannt vor? Ein Freund oder Arbeitskollege kommt zu Ihnen und sagt: „Du, ich habe ein Problem. Vielleicht kannst du mir helfen". Nachdem Sie sich das Problem angehört haben, meinen Sie: „Ich verstehe gar nicht, wo du da ein Problem siehst". Und in den nächsten paar Minuten skizzieren Sie eine Lösung für das „Problem" Ihres Freundes. Dieser ist erleichtert, endlich eine Lösung gefunden zu haben. Er ist überrascht,

daß er es selbst nicht geschafft hat.
Betrachten wir diese interessante Situation aus anderer Perspektive: Jemand wird mit unserem Problem konfrontiert und bietet uns einen Lösungsvorschlag an: Auf einmal sehen auch wir die Sache ganz anders und wundern uns, daß wir nicht längst schon von selbst auf diese Lösung gekommen sind. Vor allem deshalb, weil die Lösung so einfach und logisch aussieht.
Was steckt dahinter? Wenn unsere Gehirnhälften optimal zusammenarbeiten, sind selbst schwierige Aufgaben nicht unlösbar. Wenn wir hingegen geistig blockiert sind, dann wird oft jede Kleinigkeit zum Problem.
Was also können Sie tun, wenn Sie das nächste Mal ein „Problem" haben?

REZEPT

Gehen Sie mit einer anderen inneren Einstellung an die Situation ran!
Nehmen wir an, Sie haben ein finanzielles Problem, das Sie möglichst rasch lösen müssen. Sie werden feststellen, daß sich Ihre Gedanken so lange im Kreis drehen, solange Sie dieses Problem emotional betrachten. Sie haben in Ihrem inneren Zustand der Unausgeglichenheit Schwierigkeiten, Ihr Problem zu lösen. Sie haben einfach keine Ideen. Das gilt für ein Beziehungsproblem genauso wie für ein Problem, das ein Verkäufer mit einem Kunden oder ein Vorgesetzter mit einem Mitarbeiter hat.
Mein Vorschlag: Lösen Sie Ihre Gehirnblockaden, indem Sie die Sache ohne störende Emotionen betrachten. Sagen Sie sich: „Das ist eine neue Aufgabe/eine interessante Herausforderung. Welche Lösungsmöglichkeiten habe ich dafür?" Alleine durch das Umdenken vom Problem zur Herausforderung lösen Sie Ihre Gehirnblockaden und haben eine Chance, die Situation zu bewältigen.
Sie betrachten die Probleme Ihrer Freunde emotionslos, zumindest weitgehend. Das ist auch der Grund dafür, daß es für Sie einfacher ist, die Probleme anderer zu lösen, als es das für diese selbst ist.
Und das ist schon die Technik, mit der Sie Ihre Probleme leichter in den Griff bekommen. Betrachten Sie sie so, wie Sie die Probleme Ihrer Freunde betrachten: als Herausforderungen, die es zu bewältigen gilt. Sie werden sehen, daß vieles einfacher wird.

21.

Ich habe einen lieben Menschen verloren und komme über den **Verlust** *einfach nicht hinweg*

Klara ist eine bekannte Bühnen- und Filmschauspielerin. Sie war 26 Jahre lang glücklich verheiratet, als ihr Mann vor fünf Jahren plötzlich einen Herzinfarkt erlitt und starb. Der plötzliche Verlust des geliebten Mannes, der bis zu seinem Herzinfarkt völlig gesund war, traf Klara wie ein Keulenschlag.

Sie verbrachte zwei Jahre in verschiedenen Kliniken und Sanatorien. Sie war zutiefst depressiv und kam über den Verlust des geliebten Mannes einfach nicht hinweg. Die vielen Aufenthalte in den verschiedenen Krankenhäusern haben ihr leider nicht geholfen, ihre Depressionen zu überwinden. Mit dem Tod ihres Mannes nahm sie auch keine Rollenangebote mehr an. Sie brach sämtliche Kontakte zu ihren Freunden ab. Die Folge war, daß Klara immer mehr vereinsamte, kontaktarm und menschenscheu wurde. Sie lebte nur noch in der Erinnerung. Ihre wunderschöne große Wohnung im Zentrum der Stadt glich einem Museum. Sie brachte es einfach nicht übers Herz, sich von den Sachen ihres Mannes zu trennen. Es sah aus, als ob ihr Mann das Haus eben erst verlassen hätte und jeden Augenblick zurückkehren würde. Seine Kleidungsstücke hingen in den Schränken, der Schreibtisch war seit fünf Jahren unberührt. Rasierwasser und Deospray standen immer noch im Badezimmer.

Etwa zwei Jahre nach dem Tode ihres Mannes nahm Klara auf Drängen ihrer Agentin ein paar kleinere Rollen an einem Theater an. Aber auch diese Herausforderung hat ihr nicht geholfen, mit der neuen Situation, nämlich mit dem Leben ohne ihren Mann, besser fertig zu werden.

Ich lernte Klara in einer Phase kennen, in der sie weder auf die Pflege ihres Äußeren, noch auf ihre Kleidung besonderen Wert legte. Das Leben erschien ihr nicht mehr lebenswert. Selbst das Angebot, eine interessante Rolle in einem Film zu übernehmen, konnte sie nicht aus den Klauen ihrer Depressionen befreien. Es war eine müde, unattraktive Klara, die mir ihre Geschichte erzählte. Eine Frau, die dem Leben keine Sonnenseiten mehr abgewinnen konnte.

Klara ist ein Beispiel für all jene, die einen lieben Menschen verloren haben und über diesen Verlust einfach nicht hinwegkommen. Ich kann und ich möchte auch nicht einen Psychotherapeuten ersetzen. Aber ich möchte Ihnen erzählen, was ich Klara geraten habe und wie ihr Leben acht Monate später aussah.
Klaras Lebenskrise wurde durch den Tod ihres Mannes ausgelöst. Krisen können aber auch durch andere Veränderungen im Leben eines Menschen ausgelöst werden. Zum Beispiel durch die Trennung vom Lebenspartner, durch Scheidung oder durch Krankheit. Auch der Verlust des Arbeitsplatzes kann in eine Krise führen (vor allem dann, wenn die betroffene Person schon älter ist). Ein Gefühl der Machtlosigkeit macht sich breit. Man hat Angst vor dem Neuen, dem Unbekannten. Man hat immer weniger Energie zur Verfügung, um die neue Situation zu bewältigen.
Krisen sind immer unerwünscht, und wir erleben sie schmerzerfüllt und mit innerem Widerstand. *„Es darf nicht sein, was ist"*, ist unsere Devise.

REZEPT

Zuallererst müssen wir lernen, die neue Situation zu akzeptieren. ***Zu akzeptieren, was ist.*** *Nur so haben wir die Chance, dem Teufelskreis von Tabletten und Alkohol zu entkommen. Auch das Ignorieren der Situation, nicht enden wollendes Jammern, das zwangsläufig in Selbstbemitleidung mündet, ist keine Lösung. Das Geschehene können wir nicht rückgängig machen, also müssen wir lernen, damit zu leben.*

Das chinesische Schriftzeichen für Krise setzt sich aus zwei Zeichen zusammen: „WEI-JI". Der erste Teil des Schriftzeichens bezeichnet den negativen Aspekt, der zweite den positiven. Der erste Teil bedeutet „Gefahr". Der zweite Teil des Schriftzeichens bedeutet „Chance für Veränderungen".

Gefahr	+	**Chance**
危		機
Wei		**JI**

Krisen können Wendepunkte in unserem Leben sein. In der Zeit der Krise müssen wir jedoch davon noch nichts ahnen. Wenn Trauer, Angst, Wut oder andere schmerzliche Gefühle unser Leben über einen längeren Zeitraum hinweg bestimmend begleiten, ist auch die Gefahr einer ernstlichen Erkrankung sehr groß.

REZEPT

Das können (sollten) Sie tun, wenn Sie eine (Lebens-)Krise bewältigen wollen:

- ☞ *Warten Sie nicht, bis andere Ihre Probleme lösen.*
- ☞ *Werden Sie selbst aktiv!*
- ☞ *Überlegen Sie, welche besonderen Fähigkeiten Sie besitzen. (siehe Kapitel 2)*
- ☞ *Über welches Wissen verfügen Sie?*
- ☞ *Welche Erfahrungen haben Sie?*
- ☞ *Verlernen Sie Ihre Ängste. (siehe Kapitel 3)*
- ☞ *Bauen Sie Streß ab, machen Sie regelmäßig Entspannungstraining.*
- ☞ *Das Leben geht weiter, finden Sie neue Ziele!*
- ☞ *Beginnen Sie sofort damit, Ihre neuen Ziele konsequent und zielstrebig zu erreichen.*
- ☞ *Wenn irgend möglich, befreien Sie sich von Dingen, die Sie schmerzlich an einen anderen Lebensabschnitt erinnern.*

Sehr bald schon werden Sie ein neues, positives Lebensgefühl verspüren, und Sie werden darüber hinaus feststellen, daß Sie auch an Selbstbewußtsein gewonnen haben. Die damit einhergehende positive Veränderung Ihres Äußeren ist eine angenehme Nebenerscheinung.

Am Beispiel von Klara möchte ich Ihnen zeigen, wie Sie einen Weg aus Ihrer persönlichen Krise finden können. Zuallererst habe ich mit Klara eine Liste ihrer Fähigkeiten und Talente aufgestellt (Kapitel 2). Dabei hat sich herauskristallisiert, daß sie die Gabe hat, ihr Wissen anderen Menschen zu vermitteln. Sechs Monate nach unserem Gespräch unterrichtete Klara mit großer Begeisterung und viel Erfolg ca. 30 junge Menschen. Sie ist bei ihren Schülern so beliebt, daß die Zahl ihrer Studenten ständig steigt.
Unmittelbar nach unserem Gespräch hat Klara mit regelmäßigem Entspannungstraining begonnen. Das Ergebnis war, daß sie schon innerhalb weniger Wochen die eingenomme-

nen Medikamente reduzieren konnte (selbstverständlich unter ärztlicher Aufsicht). Nach einem Jahr benötigte sie gar keine Medikamente mehr.
Klara hat auch ihre Ängste und Horrorvorstellungen überwunden (siehe Kapitel 3), und sie fühlt sich rundum wohl. Sie hat neue Lebensziele und arbeitet konsequent an deren Erreichung. Sie spielt wieder mehr Theater und arbeitet auch bei einigen Filmprojekten mit. Durch ihre neue Lebenseinstellung ist sie wieder zu einem positiven Menschen geworden. Sie hat ihren Freundeskreis wieder aktiviert und ist ein gerngesehener, charmanter Gast.
Äußerlich hat sich Klara so stark zu ihrem Vorteil verändert, daß ich ein Jahr nach unserem Kennenlernen die strahlende Mittfünfzigerin beinahe nicht mehr erkannt hätte.
Letztendlich hat sie auch ihre Wohnung neu adaptiert. Heute erinnern nur noch ein paar Kleinigkeiten an ihren verstorbenen Mann.
Damit Sie das nicht falsch verstehen: Klara hat ihren Mann natürlich nicht vergessen. Sie ehrt sein Andenken nach wie vor. Jedoch als neuer, positiver Mensch. Und das ist sicher ganz im Sinne des Verstorbenen.

22.
Ich möchte nicht mehr Single *sein* *oder* *Die Angst vor dem anderen Geschlecht*

ÜBUNG

Schritt 1

Bevor Sie weiterlesen, sollten sie folgendes tun: Gehen Sie ins Badezimmer, stellen Sie sich vor den Spiegel, schauen Sie sich in die Augen, und sagen Sie zu sich selbst: ***„....... (Ihr Vorname), ich akzeptiere dich so, wie du bist. Ich liebe dich.“***
Vermutlich werden Sie dabei ein blödes Gefühl haben. Doch glauben Sie mir, diese Übung ist sehr wichtig für Sie. Sie wissen doch, wie gut es Ihnen tut, wenn Sie gelobt werden. Üben Sie so lange vor dem Spiegel, bis Sie ein positives Gefühl haben. Sie werden die Feststellung machen, daß Sie nach einer Weile die innere Zustimmung haben, daß das, was Sie sich sagen, richtig ist.

Ich erwarte nicht, daß Sie die Übung richtig, gut oder passend finden, sondern ich erwarte ganz einfach nur, daß Sie sie machen. Machen Sie diese Spiegelübung mit oder ohne Spiegel täglich mindestens 200mal. Sie haben richtig gelesen: *200mal!* Sie erzählen sich sicherlich genauso häufig, wie unmöglich Sie sind.
Der einzige Unterschied ist, daß Sie daran gewöhnt sind. Das glauben Sie sich im Augenblick. Wenn Sie diese Übung eine Zeitlang gemacht haben, werden Sie feststellen, daß Sie sich mit einem Mal voll akzeptieren und sich endlich mögen. Sie werden die Erfahrung machen, daß Ihr Selbstbewußtsein allein durch Ihre Übung gestärkt wird.

ÜBUNG

Schritt 2

Als nächsten Schritt setzen Sie positive Suggestionen ein, die Sie täglich mehrmals wiederholen. Wir wollen mit diesen positiven Suggestionen zum Aufbau Ihres gesunden Selbstwertgefühls beitragen. Sagen Sie sich den nachfolgenden Text täglich mindestens zehn Mal, oder lesen Sie ihn zehn Mal genau durch:
Ich bin etwas ganz Besonderes.
Ich liebe mich so, wie ich bin, und ich fühle mich gut.
Ich besitze viele wunderbare Qualitäten.
Ich habe Talente, Fertigkeiten und Fähigkeiten.

Ich habe sogar Talente, von denen ich noch gar nichts weiß.
Ich entdecke ständig neue Talente an mir.
Ich bin voller Energie, Begeisterung und Lebenskraft.

Machen Sie diese Übungen während der nächsten zwei bis drei Wochen wirklich konsequent. Parallel dazu empfehle ich Ihnen regelmäßig (ein Mal täglich) das Entspannungstraining „Progressive Muskelentspannung" (wir haben dazu die CD „Körper und Geist harmonisieren" produziert).

Viele Menschen atmen, wenn Sie aufgeregt sind, zu schnell und zu tief. Die Folge ist, daß zu viel Kohlendioxid ausgeatmet wird, das Blut kann nicht mehr genügend Sauerstoff transportieren, und es kommt zu Sauerstoffmangel. Herzrasen oder Herzflattern können die Folge sein, unser Gehirn bekommt weniger Sauerstoff, und die Körperbewegungen können nicht mehr richtig koordiniert werden. Die Glieder werden starr, man verspürt ein Kribbeln und hat manchmal sogar Ohnmachtsgefühle.
Wenn man auch nur ein einziges Mal diese urplötzlich auftretenden körperlichen Reaktionen wie Schwindel, Druck auf der Brust, Ohnmachtsgefühle erlebt hat, versucht man ähnliche Situationen in Zukunft zu vermeiden. Wir setzen uns also der für uns bedrohlichen Situation nach Möglichkeit nicht mehr aus.
Dazu kommen noch Gedanken wie: „Ich bin zu dick, ich bin zu dünn, meine Brust ist zu groß, meine Brust ist zu klein, mein Penis ist zu groß, mein Penis ist zu klein, mein Po ist zu groß, mein Po ist zu klein, meine Beine sind zu kurz, zu dick, zu lang, zu dünn, mein Bauch ist zu groß" usw.
Zu all dieser Unsicherheit gesellt sich die Angst vor dem Versagen. Nicht nur die Angst vor dem sexuellen Versagen, sondern primär einmal die Angst, schon in der Kennenlernphase zu versagen, weil man die Person, welche man gerne kennenlernen möchte, zu forsch oder zu wenig forsch anspricht. Weil man zu linkische Bewegungen macht. „Mein Lächeln ist zu blöd, ich habe feuchte Hände, ich zittere, ich rede immer nur Blödsinn, also setze ich mich der Situation lieber gar nicht erst aus." Die Folge ist, daß wir allen Menschen erklären, wie glücklich wir als Single leben, daß wir sehr gut alleine mit uns zurechtkommen und daß wir ab-

solut keine Lust auf Partnerschaft verspüren. Wir sind auch nicht daran interessiert, verkuppelt zu werden oder auf „Aufriß" zu gehen.
Die Wahrheit ist, daß wir unglücklich sind und andere wegen ihrer glücklichen Partnerschaft beneiden. Das muß nicht sein!

ÜBUNG

Sie haben jetzt zehn oder 14 Tage die Übungen gemacht, die ich Ihnen oben vorgeschlagen habe. Es wird Zeit für den nächsten Schritt.
Erinnern Sie sich an eine Gelegenheit, in der Sie ein sehr starkes Selbstvertrauen erlebt haben. An eine Situation, in der Sie absolut zuversichtlich, positiv und sicher gewesen sind. Eine Situation, von der Sie wußten, daß Sie Erfolg haben würden. Stellen Sie sich hin, und nehmen Sie eine selbstbewußte Haltung ein. Atmen Sie ruhig und gelassen, und versuchen Sie, sich in jeder Hinsicht so zuversichtlich und positiv zu fühlen, wie Sie sich in dieser Situation gefühlt haben.
Erinnern Sie sich daran, was Sie damals zu sich gesagt haben, und versuchen Sie, diesen positiven Zustand noch zu verstärken. Erleben Sie die Situation ganz intensiv.
Wenn Sie am Höhepunkt dieser Erfahrung sind, reiben Sie mit Daumen und Zeigefinger Ihrer rechten Hand Ihr rechtes Ohrläppchen.
Jetzt unterbrechen Sie Ihre Erinnerung. Denken Sie an etwas anderes (für eine Minute). Danach schließen Sie die Augen, und erleben Sie die gleiche positive Situation noch einmal. Am Höhepunkt des Erlebens reiben Sie erneut Ihr rechtes Ohrläppchen. Wiederholen Sie das ganze noch drei Mal.
Wenn Sie das nächste Mal den Wunsch haben, eine Person kennenzulernen und anzusprechen, reiben Sie Ihr rechtes Ohrläppchen, und Sie werden feststellen, daß Sie sich frei fühlen, weil Sie frei von Angst und Hemmungen sind. Sie werden keine Zurückweisung erleben. Das ist vielleicht der Beginn einer neuen, wunderbaren Freundschaft oder gar einer neuen, großen Liebe.

23.
Was Sie tun können, wenn jemand ständig **Schuldgefühle** *in Ihnen weckt*

Wieder einmal hat es Ihr Partner/Ihre Partnerin geschafft, daß Sie sich wegen irgendeiner Sache schuldig fühlen; und das, obwohl Sie gar nichts dafür können. Ein Mitarbeiter, eine Mitarbeiterin vermittelt Ihnen das Gefühl, daß Sie in einer Sache schuldig sind, für die sich genaugenommen der andere schuldig fühlen sollte. Sie fühlen sich schuldig, weil Sie heute einmal pünktlich Ihr Büro verlassen müssen, weil Sie einen unaufschiebbaren privaten Termin haben. Die Miene Ihres Vorgesetzten spricht Bände. Und schon überlegen Sie, ob Sie den Termin nicht doch noch verschieben könnten. Sie möchten nicht den ganzen Abend lang von Schuldgefühlen geplagt sein.
Immer wieder schaffen es andere Menschen, daß wir uns schlecht fühlen. Dies führt dazu, daß wir Schwierigkeiten haben, positiv zu kommunizieren. Manche Menschen ziehen sich in solchen Situationen zurück. Sie beschränken die Kommunikation mit der Umwelt auf das Nötigste. Die Folge ist, daß es Kommunikationsschwierigkeiten nicht nur mit den Menschen gibt, die die Schuldgefühle in ihnen wecken. Um neuerliche Schuldgefühle zu verhindern, riskieren sie nichts und verschließen sich auch anderen Menschen gegenüber.
Manche Menschen reagieren gereizt und aggressiv, wenn jemand es geschafft hat, Schuldgefühle in ihnen zu wecken. Auch dieses Verhalten beschränkt sich nicht nur auf jene Person, die Auslöser für ihre Schuldgefühle ist. Wieder andere nehmen resignierend jede Schuld auf sich und lehnen sich nicht mehr dagegen auf.

Eines steht fest: Irgend jemand hat es mit Erfolg geschafft, daß wir an Selbstsicherheit verlieren. Er rüttelt mit Erfolg an einer der wichtigsten Grundfesten unseres Lebens: unserem Selbstwertgefühl. Das kann fatale Auswirkungen auf unser Leben haben.
Warum versucht nun jemand, Schuldgefühle in uns zu wecken? Dafür gibt es verschiedene Gründe:

☞ Jemand versucht uns durch das Vermitteln von Schuldgefühlen dazu zu bringen, das zu tun, was er will. Dies ist eine Form von Kontrolle.

☞ Jemand möchte uns bestrafen, weil wir etwas nicht getan haben, was er von uns wollte.

In keinem Fall ist es zweckmäßig, daß wir uns schuldig und somit schlecht fühlen. *Das können Sie tun:*

REZEPT

Das nächste Mal, wenn jemand versucht, Schuldgefühle in Ihnen zu wecken, versetzen Sie sich zuallererst in Ihren Power-Zustand (siehe Kapitel 8). Bitte machen Sie sich klar, daß es nicht Ihr Verhalten ist, welches Sie veranlaßt, Schuldgefühle zu entwickeln. ***Es ist das Verhalten Ihres Gegenübers, welches Schuldgefühle in Ihnen wecken soll!*** *Es ist wichtig, daß Sie sich das bewußt machen, und zwar in dem Augenblick, in dem der andere es versucht.* ***Sagen Sie ganz einfach zu sich***: *„Jetzt versucht er/sie schon wieder, Schuldgefühle in mir zu wecken." Wenn Sie sich besonders stark fühlen, können Sie auch zu Ihrem Gegenüber sagen: „Sie versuchen nur zu erreichen, daß ich mich für etwas schuldig fühle, wofür ich gar nichts kann."*

Machen Sie sich bewußt, daß Sie reagieren können, wie immer Sie wollen. Sie können nachsichtig sein oder Ihre Reaktion auf den Versuch des anderen übertreiben. Wichtig ist, daß Sie sich darüber im klaren sind, daß es Ihre wohlüberlegte Entscheidung ist, wie Sie reagieren. Nicht der andere diktiert Ihr Verhalten, sondern ***Sie bestimmen, wie Sie reagieren!***

Sehen Sie Schuld als das an, was sie tatsächlich ist. Das bedeutet, daß Sie sich nur schuldig fühlen brauchen, wenn Sie tatsächlich schuldig sind!

Wenn Sie es mit notorischen Schuldvermittlern zu tun haben: Überlegen Sie, ob es ein Verhalten gibt, welches Sie zeigen können, um das Verhalten des anderen zu verändern.

Wenn es Ihnen gelungen ist, die Schuld als inneren Zustand zu tilgen, werden Sie feststellen, daß Sie einer wesentlich erfolgreicheren Zukunft entgegengehen. Und Sie werden feststellen: Es ist ein eigenartiges, aber wunderbares Gefühl, sich frei von Schuld zu fühlen. Viel Erfolg!

24.
Ich habe so **wenig Zeit** *für mich und das, was mir Freude macht*

Überraschend viele Menschen haben das Gefühl, daß das Leben an ihnen vorbei geht. Und das, obwohl sie mit beiden Beinen im Leben stehen. Vielen Menschen fehlt „Zeit für sich selbst". Man hetzt sich beinahe zu Tode. Viele Frauen haben neben ihrem Beruf für eine Familie zu sorgen. Manche Frauen gehen ganz in ihrem Beruf auf und arbeiten mehr als zehn Stunden pro Tag. Abends ist dann noch die Familie zu versorgen. Genaugenommen sind das zumindest zwei Full-time-Jobs. Die meisten Männer haben es da schon wesentlich leichter. Sie arbeiten zwar auch mehr als zehn Stunden täglich; in den seltensten Fällen haben sie aber die Doppelbelastung Beruf und Familie.

Tatsache ist, daß heute viele Frauen und Männer nicht zur Ruhe kommen. Für die anderen sind sie immer da. Für sich selbst haben sie keine Zeit. Wehmütig denkt man an früher. Da war alles viel geruhsamer und ruhiger. Da hatte man noch die Zeit, ein Buch zu lesen, Musik zu hören. Oder einfach nur dazusitzen und nichts zu tun.

Holen Sie sich Zeit für sich selbst! Oder wollen Sie am Ende Ihres Lebens sagen: „Ich habe mein Leben für die anderen gelebt."? Geben Sie Ihrem Leben wieder Qualität. Jetzt werden Sie vermutlich sagen: „Na, der macht sich's leicht, so einfach ist das nicht!" Sie haben recht, so einfach ist das nicht, aber es *ist möglich*. Sie müssen nur ein paar Gewohnheiten ändern.

Sie wollen mehr Zeit für sich selbst? Dann *vereinfachen Sie Ihr Leben!* Viele Frauen klagen darüber, wieviel Zeit der tägliche Einkauf im Supermarkt in Anspruch nimmt. Nach der Arbeit in den Supermarkt. In der Warteschlange bei der Kasse stehen. Heimfahren, Tragtaschen ausräumen, die eingekauften Produkte versorgen, die Familie wartet, und, und, und ...

Überraschend viele Menschen gehen täglich oder zumindest mehrmals pro Woche in den Supermarkt. Wieviel Zeit nimmt das in Anspruch? Eine halbe Stunde, eine Stunde?

Warum gehen Sie so oft in den Supermarkt? Weil Sie so gerne dort hingehen? Weil Sie es lieben, in der Warteschlange zu stehen? Bestimmt nicht! Sie stehen deshalb so oft in der Warteschlange, weil Sie sich oft erst im letzten Moment überlegen, was Sie heute fürs Abendessen und morgen für das Frühstück brauchen.

REZEPT

Sie wollen mehr Zeit für sich selbst? **Gewinnen Sie täglich zumindest eine halbe Stunde für sich,** *indem Sie Ihre Besuche im Supermarkt reduzieren. Halbieren Sie sie zumindest. Auf Ihr gesamtes Privatleben umgelegt bedeutet das: Sie müssen auch im Privatleben das tun, was Sie im Betrieb tagtäglich tun: planen. Versuchen Sie es! Es klingt einfach, aber es auch wirklich zu tun, ist eine andere Sache.*
Sie müssen mit einer täglichen Gewohnheit brechen. Und das ist nicht immer leicht. Selbst dann nicht, wenn es sich dabei um eine ungeliebte Gewohnheit handelt.
Ich garantiere Ihnen, daß Sie es schon sehr bald schaffen, nur noch einmal pro Woche in den Supermarkt zu gehen. Legen Sie eine Wocheneinkaufsliste an. In diese Liste schreiben Sie laufend all das ein, was Ihnen an nötigen Dingen für den Haushalt einfällt. Darüber hinaus machen Sie einen Wochenplan für den Einkauf der in den kommenden sechs oder sieben Tagen benötigten Lebensmittel. Wenn Sie frisches Obst und Gemüse haben möchten, müssen Sie nicht jeden Tag einkaufen gehen. Nutzen Sie die Kapazitäten Ihres Kühlschranks! Schicken Sie ruhig auch einmal Ihre Kinder zum Einkaufen. Sie nehmen Ihrer Familie vermutlich ohnehin beinahe alles ab. Manche Einkäufe können Ihnen die Kinder oder der Lebenspartner ganz leicht abnehmen.
Ihr Vorteil: Sie haben täglich eine halbe Stunde oder sogar eine Stunde gewonnen. Zeit, die Sie für sich selbst verwenden können.
Wenn Sie ohnehin nur einmal pro Woche in den Supermarkt gehen, dann sehen Sie das eben Gelesene als Bestätigung an.

Wie oft haben Sie in den letzten Monaten oder Jahren Ihre Abende im Theater, im Kino, in der Oper, im Kabarett oder in Restaurants zugebracht, nur um danach festzustellen, daß es wieder einmal ein verlorener Abend war? Ein Abend, den Sie wesentlich positiver hätten gestalten können,

wenn, ja, wenn Sie nur den Mut aufgebracht hätten, NEIN zu sagen. Das gilt für Abende mit Kunden gleichermaßen wie für Abende mit Freunden und Bekannten.
Nachher sagen wir dann: „Ein verlorener Abend. So etwas mache ich nie mehr wieder." Ein paar Tage danach wiederholt sich die Situation. Sie sagen wieder zu. Und wieder klagen Sie darüber, daß Ihnen Zeit gestohlen wurde. Zeit, die Sie für sich selbst wesentlich besser hätten nutzen können.

REZEPT

So gewinnen Sie pro Woche mindestens vier bis sechs Stunden für sich selbst

Sagen Sie öfter mal NEIN. Das wird Ihnen anfangs nicht leichtfallen. Aber Sie werden sehen: Sowohl Ihre Umwelt als auch Sie selbst gewöhnen sich relativ rasch daran. Niemand wird Sie deshalb als Spielverderber oder Gesellschaftsmuffel bezeichnen, Sie jedoch haben ein paar Stunden gewonnen. Nutzen Sie die gewonnene Zeit, um das zu tun, was Ihnen Freude macht.
Manchmal kommt es vor, daß jemand mit der gewonnenen Zeit nichts anzufangen weiß. Fertigen Sie eine Liste an, in die Sie alles eintragen, was Sie gerne für sich selbst tun würden, wenn Sie die Zeit dazu hätten.

Lesen Sie jetzt nicht weiter! *Holen Sie Papier und Schreibgerät, und beginnen Sie mit Ihrer Liste. Schreiben Sie alles auf, was Ihnen gerade so einfällt.*
Zum Beispiel: den Sonnenuntergang beobachten, alleine eine halbe Stunde spazieren gehen, Musik hören (z. B. mit Kopfhörer), Herumstöbern in einem Trödlerladen, in einem Textilgeschäft oder in einer Buchhandlung. Mit dem Hund oder der Katze spielen. Vielleicht möchten Sie gerne mit einer Freundin, einem Freund einen Tratsch machen. Oder Sie möchten ganz einfach nur ruhig und entspannt in Ihrem Lieblingsstuhl sitzen, ohne an etwas Besonderes zu denken. Es kann auch sein, daß Sie die gewonnene Zeit dafür verwenden möchten, mit Ihren Kindern zu spielen oder mit ihnen herumzualbern. Vielleicht möchten Sie mit Ihrem Lebenspartner ein paar ruhige Minuten Gemeinsamkeit genießen.

Kochen Sie gerne? Haben Sie gerne Gäste? Wenn ja, dann wissen Sie, wie es mir jahrelang erging. Ich bin ein begeisterter Hobbykoch. Mit viel Freude habe ich jahrelang

unsere Freunde und Bekannten bekocht. Die höchste Belohnung für mich war die Begeisterung der Gäste.
Alle waren zufrieden: Die Gäste, weil sie in einer entspannten, gemütlichen Atmosphäre ausgesuchte Weine, ausgezeichnetes Essen und angenehme Gesellschaft genießen konnten. Meine Frau, weil sie es wieder geschafft hatte, die Runde so zusammenzustellen, daß sich auch wirklich alle Anwesenden gut unterhalten haben. Und ich war zufrieden, weil man meine Kochkünste lobte.
Irgendwann stellte ich fest, daß all diese Einladungen – so toll diese sowohl für meine Frau als auch für mich waren – tagelangen Streß bedeuteten. Wochen zuvor beschäftigte ich mich mit der Zusammenstellung der Menus. Drei bis vier Tage vor dem Tag X begann regelmäßig der Einkaufsstreß für meine Frau. Nicht immer sind alle Zutaten für ausgefallene Speisen leicht zu bekommen, was zur Folge hatte, daß meine Frau manchmal eine ganze Reihe von Geschäften besuchen mußte, um an die von mir geforderten Zutaten zu kommen.
Endlich waren alle Ingredienzien daheim. Teilweise mußte ich zwei bis drei Tage vor der Einladung mit den Vorbereitungen beginnen. Und das bei einem übervollen Terminkalender.
Es hat Spaß gemacht. Der *große Augenblick* war da. Alle warteten gespannt auf die kulinarischen Überraschungen des Abends. Ich war nach mehreren Stunden Küchenarbeit, ebenso wie meine Frau, die für die sogenannten „niederen Dienste", wie Gemüse putzen, Salat waschen, Geschirr zwischendurch von Hand spülen usw., zuständig war, schon relativ erschöpft. Zu jedem neuen Gang kam ich kurz ins Eßzimmer, um die Ovationen entgegenzunehmen und rasch ein paar Bissen zu essen. Dann mußte ich wieder zurück in die Küche. Der nächste Gang mußte vorbereitet werden.
Gegen 23.00 Uhr wurde der letzte Gang serviert. Danach konnte ich mich endlich meinen Gästen widmen. Die waren mitten in einer Unterhaltung, für deren Verständnis mir meist die Vorgeschichte fehlte. Ich war ja in der Küche gewesen.
Kurz nach Mitternacht verabschiedeten sich die ersten Gäste. Ich hätte mich gerne noch länger mit ihnen unterhalten, weil ich ja den ganzen Abend noch keine Gelegenheit dazu gehabt hatte. Gegen zwei Uhr früh war alles vor-

bei. Zwei Stunden aufräumen. Dann, um vier Uhr morgens, rasch unter die Dusche und ab ins Bett.
Sonntag, neun Uhr früh, durch nicht enden wollendes Läuten des Telefons unsanft aus dem Schlaf gerissen: Die ersten Gäste bedanken sich ausgeschlafen und bestens gelaunt für den tollen Abend. Sie hätten sich wieder einmal – wie schon so oft bei uns – ganz ausgezeichnet unterhalten. Man freue sich schon heute auf das nächste Mal.
Es hat lange gedauert, bis meine Frau und ich zu der Erkenntnis kamen, daß diese Einladungen nicht nur sehr viel Geld kosten (im Restaurant ist es nicht wesentlich teurer), sondern auch unsere Lebensqualität in der Woche vor dem Ereignis beeinträchtigen. Und am Abend, wenn die Gäste da waren, hatte ich praktisch nichts davon. Also faßten wir den Entschluß, unsere Gäste mit einfacheren und trotzdem sehr schmackhaften Speisen zu verwöhnen.
Das Ergebnis war interessant. Alle lobten wie immer meine Kochkunst. Aber beinahe 70 Prozent beglückten mich mit dem Nachsatz: „Also, das letzte Mal, als du gekocht hast, das war die absolute Krönung."
Auch einfachere Gerichte nehmen Zeit in Anspruch, wie Sie sicher wissen. Wir trafen neuerlich eine Entscheidung. Wir faßten den Entschluß, unsere Gäste ins Restaurant einzuladen. Diese Maßnahme kostet nicht wesentlich mehr, als wenn man zu Hause aufwendig kocht. Sie hat aber den Vorteil, daß wir beide, meine Frau und ich, uns den ganzen Abend über unseren Gästen widmen können.
Nicht immer war es möglich, für einen solchen Abend einen eigenen Raum zu mieten. War das nicht möglich, fühlten wir uns durch die anderen Gäste gestört. Wir hatten Zuhörer bei unseren Gesprächen. Dann rauchte am Nebentisch jemand eine Zigarre, während wir noch aßen. Das störte uns ebenfalls. So gesehen waren die Einladungen ins Restaurant auch nicht das Gelbe vom Ei. Noch dazu, wo diese Variante auch nicht gerade billig war. Wieder nichts.
Wieder überlegten wir, wie wir zu einer guten und für alle praktikablen Lösung kommen konnten.
Zuerst einmal analysierten wir, was wir im Grunde wollten: mit unseren Freunden einen schönen Abend in ungezwungener, privater Atmosphäre verbringen. Der Abend sollte nicht exorbitant teuer sein. Die Vorbereitungs- und Küchenarbeit sollte in einem erträglichen Rahmen bleiben, die

Kosten moderat sein. Jetzt wußten wir genau, was wir wollten. Der nächste Schritt war, daß wir unseren Freunden beibringen mußten, wie wir uns die gemeinsamen, gemütlichen Abende in Zukunft vorstellten.
Es ist gar nicht so leicht, seinen Freunden so etwas beizubringen, glauben Sie mir. Wir haben es trotzdem getan. Interessant ist, daß alle die neue Idee begrüßten. Heute, sehr viel später, kann sich niemand mehr vorstellen, daß es jemals anders war. Ich kann meinem Koch-Hobby immer noch frönen. Allerdings in erträglichem Rahmen, so daß mir genügend Zeit bleibt, mit unseren Freunden zu plaudern und zu diskutieren. Die Einkaufsarbeit hat sich reduziert, ebenso die Kosten.
Wir haben, und das ist besonders wichtig, an Lebensqualität gewonnen. Wir haben ein paar Stunden mehr für uns herausgeholt.
Wie wir das heute praktizieren, wollen Sie wissen? Ganz einfach! Jeder bringt etwas mit. Einer die Salate, ein anderer die Vorspeise, wieder ein anderer ist für einen Teil der Hauptspeise verantwortlich (viele Speisen schmecken aufgewärmt genausogut wie frischgekocht). Irgend jemand kümmert sich ums Dessert. Und wieder ein anderer um die Getränke. Jeder bringt etwas mit. Seither genießen wir die Abende mit unseren Freunden doppelt. Sind wir eingeladen, machen wir das genau so. Das Konzept hat sich bewährt.
Wenn es Ihnen genauso geht, wie es mir ergangen ist, machen Sie's so wie ich. Sie werden Ihr Gesicht nicht verlieren. Dafür gewinnen Sie Zeit. Zeit, die Sie für sich selbst verwenden können. Und das ist es, was zählt!

REZEPT

Sitzen Sie oft vor dem Fernseher? Ja? Und wie oft haben Sie sich schon darüber geärgert, daß Sie sich jeden Mist bis zum bitteren Ende angesehen haben? Im nachhinein ärgert man sich immer über die verlorene Zeit.
Wenn Sie Zeit für sich selbst gewinnen wollen, schalten Sie Ihren Fernseher einfach öfter mal ab, und tun Sie statt dessen genau das, was Ihnen Freude macht. Lesen Sie ein Buch, hören Sie Musik, oder tun Sie einfach gar nichts.
Sie meinen, das geht nicht, weil Ihr Partner gerade dieses Fußballspiel sehen möchte, also sitzen Sie halt daneben und langweilen sich zu Tode. Oder Ihre Partnerin hat seit Wochen

auf genau diesen Film gewartet. Und deshalb schauen Sie halt auch, obwohl Sie der Film so überhaupt nicht interessiert. Greifen Sie ganz einfach nach Ihrem Buch. Oder setzen Sie Ihren Kopfhörer auf, und hören Sie Musik. Sie werden eine interessante Feststellung machen: Der andere merkt es oft nicht einmal, daß Sie etwas ganz anderes tun.
Wenn Sie alleine leben, ist die Sache noch einfacher. Sie brauchen nur einen Knopf auf Ihrer Fernbedienung zu drücken, und schon können Sie genau das tun, was Ihnen Freude macht.

Mit dieser kleinen Änderung Ihrer Abendgewohnheiten gewinnen Sie pro Woche mehrere Stunden für das, was Ihnen wirklich Freude macht!

Es ist nicht wenig Zeit,
die wir haben,
sondern es ist viel Zeit,
die wir nicht nützen.

SENECA

25.
Hilfe, ich bin ein Sklave meiner persönlichen Organisationsplanung

Früher war alles viel einfacher! Da hatte ich einen kleinen Kalender für meine geschäftlichen und privaten Termine. Ich hatte einen Schreibblock im Format A4, um alles aufzuschreiben, was ich zu tun hatte und was ich nach Besprechungen nicht vergessen wollte. Wenn die Angelegenheit erledigt war, habe ich die entsprechenden Blätter aus meinem Block herausgerissen und weggeworfen.
Der nächste Schritt war ein etwas umfangreicherer Kalender und ein dickes, gebundenes Journal, in dem ich alles, was wichtig war, schriftlich festhielt. Ein paar Jahre später habe ich mir ein Time-Management-System angeschafft. Ich war damit restlos glücklich. Wie viele andere auch. Was war da nicht alles drinnen: Ein Tageskalender, ein Wochenkalender, ein Monatskalender, ein Jahreskalender für das laufende Jahr, einer für das vergangene und einer für das kommende Jahr. Mit akribischer Genauigkeit füllte ich täglich all diese Kalenderblätter aus. Ich übertrug von einem Tag auf den anderen, von einer Woche zur nächsten, von einem Monat auf den nächsten und wenn nötig auf das nächste Jahr. Ich bearbeitete die Vordrucke für meine privaten und beruflichen Ziele, füllte Prioritätenlisten aus und bearbeitete die Strategieblätter. In die Vordrucke für die Ausgaben trug ich alle meine finanziellen Transaktionen ein. Ich war begeistert von den Entscheidungsblättern, den Mind Maps und vom Kommunikationsplaner. Alle Adressen und Telefonnummern waren in diesem System verankert und wurden selbstverständlich laufend gewartet. Ich besuchte ein Seminar, dessen einziges Ziel es war, uns zu lehren, wie man mit diesem System effizient arbeitet.
Wie bei vielen anderen Managern auch, war mein Time-Management-System ein Teil meiner selbst geworden. Ich konnte mir ein Leben ohne meine kleine schwarze Ledermappe nicht mehr vorstellen. Sie wurde zu meinem ständigen Begleiter.
Mein ständiger Begleiter war auch ganz schön schwer. Mittlerweile wog er schon beinahe ein Kilo. Und es schien so,

als ob seinem Wachstum keine Grenzen gesetzt wären. Ich war ohne meine schwarze Ledermappe hilflos. Mein Leben und meine Lebensplanung waren in meinem Planungssystem verankert.
Irgendwann hatte ich das unangenehme Gefühl, zum Sklaven dieses Planungs-Systems geworden zu sein. Ich war jeden Tag mit dem Übertragen von nichterledigten Tätigkeiten und dem Ausfüllen von Planungsblättern beschäftigt. Dies nahm immer mehr Zeit in Anspruch. Ich wurde von meinem Time-Management-System kontrolliert.
Eines Tages hatte ich es satt. Ich wollte einfach nicht mehr. Von einem Tag auf den anderen führte ich meine Planung wieder auf den einfachen Standard von früher zurück. Ich schaffte mir einen kleinen Kalender an, den ich in jede Sakkotasche stecken konnte, und ein kleines Journal für meine Notizen.
Seit kurzem habe ich einen kleinen elektronischen Organizer, der diesen kleinen Kalender ersetzt. Und Sie werden es nicht glauben: Ich fühle mich frei!

REZEPT

Wenn Sie das Gefühl haben, von Ihrem Time-Management-System kontrolliert zu werden, ändern Sie das, so daß Sie es sind, der die Kontrolle hat!

26.

Alles, was ich anpacke, geht schief. Ich glaube, ich bin ein sogenanntes **„Montagsmodell"**

Felix ist 33. Ich lernte ihn kennen, als er sich gerade in einem Tief befand. Er hatte soeben die ich weiß nicht wievielte Ablehnung seiner Bewerbung erhalten.
Felix hat ein Wirtschaftsstudium absolviert. Mehrere Jahre suchte er einen Job, in dem er sein erworbenes Wissen und seine Fähigkeiten einsetzen konnte. Bisher ohne Erfolg. Um sich über Wasser zu halten, nahm er Gelegenheitsjobs an, für die er natürlich überqualifiziert war. Langsam begann Felix an sich, an seinen Fähigkeiten und an seinem Glück zu zweifeln. Alles, was er anpackte, ging schief. Er wagte auch den Sprung in die Selbständigkeit. Leider war ihm auch hier kein Erfolg beschieden.
Die Beziehung zu seiner Freundin ging in die Brüche. Er mied seine Freunde, um unangenehmen Fragen zu entgehen. Der früher sehr extravertierte junge Mann, der das Wort Kontaktschwierigkeiten nicht kannte, zog sich immer mehr in sich zurück.
Als ich ihn kennenlernte, legte er keinen Wert mehr auf sein Äußeres, war ungepflegt und depressiv. In unserem Gespräch zählte er all seine Schwächen und Fehler auf, die er für seine Situation verantwortlich machte. Sein Selbstwertgefühl war angeschlagen. Er werde sich natürlich auch weiterhin um eine Stellung bewerben. Gleichzeitig aber meinte er, es sei ohnehin sinnlos, weil es ganz sicher wieder eine Enttäuschung geben werde. Er sei nun mal ein „Montagsmodell" und müsse sich damit abfinden, daß alles, was er anfange, in die Hose gehe.

Wie Felix neigen viele Menschen dazu, sich vor allem von ihren Fehlern und Schwächen her zu definieren. Nach einer Phase negativer Erfolgserlebnisse ist das Selbstvertrauen erschüttert. Man traut sich immer weniger zu, lebt in der Vergangenheit, anstatt in die Zukunft zu blicken.
Es ist nicht der Blick zurück, der in dieser Situation hilft. Es ist nicht wichtig, was gestern falsch gelaufen ist. Viel wichtiger ist die Frage: „Was kann ich heute tun, um mein

Selbstbewußtsein aufzubauen? Wenn ich wieder selbstbewußt in die Welt blicken möchte, brauche ich Fakten, die diesen Glauben an mich rechtfertigen und beweisen."

ÜBUNG

Nehmen Sie einen Kugelschreiber zur Hand, und erstellen Sie eine Liste Ihrer Erfolge. Erinnern Sie sich an Situationen, in denen Sie einfach unschlagbar waren. Gehen Sie in Gedanken zurück in Ihre Kindheit und Jugend. Schreiben Sie alles auf, was Ihnen einfällt. Die Reihenfolge ist nicht wichtig. Lassen Sie den Kugelschreiber einfach über das Papier gleiten. Erinnern Sie sich, und lassen Sie sich Zeit. Sie haben es überhaupt nicht eilig.
Damit Ihnen die Übung etwas leichter fällt, einige Fragen, die Sie sich stellen könnten:

Kindheit und Jugend
Worin war ich besonders gut?
War ich besonders geschickt?
War ich besonders überzeugend?
Was konnte ich besser als die anderen Kinder?
Was waren meine Lieblingsfächer in der Schule?
Gab es etwas, worauf meine Eltern besonders stolz bei mir waren?

Als Erwachsener
Welche Hobbys haben Sie?
Worin sind Sie dabei besonders gut?
Haben Sie sich irgendwann einmal gegen den wohlgemeinten Rat anderer für einen Weg entschieden, der Ihrem Leben positive Impulse gegeben hat?
Auf welche außerberuflichen Erfolge sind Sie besonders stolz?
Gibt es etwas, worin Sie der absolute Experte sind?
Sind Sie schon einmal dafür bewundert worden, wie geschickt Sie mit anderen Menschen umgehen?
Haben Sie in Ihrem Leben bereits besondere Schwierigkeiten gemeistert?
Dies ist nur eine kleine Auswahl möglicher Fragen, die Sie sich selbst stellen könnten. Arbeiten Sie so lange an der Liste Ihrer Erfolge, bis Sie ***mehr als 40*** *Stichworte aufgeschrieben haben.* ***Jetzt kommt der nächste Schritt:***

Liste Ihrer erfüllten Wünsche und Träume

Welche Wünsche und Träume haben Sie sich im Laufe Ihres Lebens schon erfüllt?

Denken Sie nach, und schreiben Sie alles auf, was Ihnen dazu einfällt. Gehen Sie auch hier zurück in Ihre Kindheit und Jugend. Womit haben Sie sich selbst eine Freude gemacht? Das erste Kofferradio? Ihr erstes Fahrrad? Die erste tolle Sonnenbrille? Lassen Sie sich Zeit damit.

Liste Ihrer erfüllten Träume

____

____

____

____

Nun schreiben Sie auf, welche Eigenschaften und Fähigkeiten einen absoluten Spitzenreiter in Ihrem Beruf auszeichnen:

____

____

____

____

____

Listen Sie jetzt ganz genau auf, wo und wann Sie sich selbst und anderen genau diese oben beschriebenen Eigenschaften und Fähigkeiten schon bewiesen haben:

____

____

____

____

____

Jetzt haben Sie den Beweis, daß Sie eine ganze Reihe von Fähigkeiten besitzen. Es gibt keinen Grund, warum Sie an sich und Ihren Fähigkeiten zweifeln sollten! Sie können beruhigt positiv in die Zukunft blicken, denn nun haben Sie die Fakten für Ihren persönlichen Erfolg!

27.
Ich kann mit meinem Vater so schlecht kommunizieren

Elisabeth ist 37 Jahre alt. Sie ist in einer Familie mit drei Kindern aufgewachsen. Die Eltern haben allen Kindern eine sehr gute Ausbildung finanziert. Das Geld dafür war nur durch eisernes Sparen aufzubringen. Eltern und Kinder mußten sich über viele Jahre hindurch einschränken, um über die Runden zu kommen.

Heute hat Elisabeth eine gut bezahlte, ihrer Ausbildung entsprechende Stelle in einem großen Unternehmen. Sie wohnt in einer anderen Stadt und kommt nur zwei- bis dreimal im Jahr nach Hause zu ihren Eltern. Diese freuen sich auf die Besuche und versuchen Elisabeth die wenigen Stunden daheim möglichst angenehm zu gestalten. Die Mutter kocht Elisabeths Leibgerichte, und der Vater redet gerne von der Zeit, in der es der Familie noch nicht so gut ging wie heute. Aber es war trotz allem eine schöne Zeit.

Elisabeth genoß die Tage bei ihren Eltern immer sehr – bis vor etwa zwei Jahren Elisabeths Schwierigkeiten, mit ihrem Vater so unbefangen zu kommunizieren wie früher, begannen. Der nunmehr 71jährige Pensionist mischt sich in zunehmendem Maße in Elisabeths Leben ein. Er kritisiert ihren Lebensstil, er mißbilligt, daß sie in einer Lebensgemeinschaft mit einem Partner lebt, aber nicht verheiratet ist, wie es sich aus seiner Sicht gehört. Er fordert mehr Zuwendung von ihrer Seite. Sie komme viel zu selten nach Hause zu ihren Eltern, rufe nicht oft genug an. Und – das ist aus der Sicht des Vaters die Krönung – sie zeige überhaupt keine Dankbarkeit dafür, daß sich der Vater, wie er sagt, die Seele aus dem Leib gearbeitet habe: keine Urlaube, keine Geschenke für seine Frau, kein tolles Auto. Alles immer nur für die Kinder.

Die Stimmung war auf dem absoluten Tiefpunkt, als ich Elisabeth traf. Jede Diskussion endete letztlich in einem Schreiduell. Alle waren unglücklich. Am unglücklichsten war wohl Elisabeths Mutter – eine Frau, die ihr ganzes Leben der Familie gewidmet hat und bis heute immer versucht, ausgleichend zu wirken. Elisabeth hatte nach dem

letzten sinnlosen Streit mit ihrem Vater beschlossen, den Kontakt zu ihren Eltern einzufrieren.
„Was soll ich tun?" fragte sie mich. „So schwer es mir auch fällt, ich werde den Kontakt zu meinem Vater abbrechen."
Es ist sehr schwer, in einer solchen und ähnlichen Situationen jemandem einen Rat zu geben. Ihm zu sagen, was zu tun ist, ist natürlich einfacher, als diesen Rat auch in die Tat umzusetzen. Ich habe Elisabeth trotzdem gesagt, wie ich in einer solchen Situation handeln würde.

REZEPT

Auf keinen Fall würde ich den Kontakt zu meinen Eltern einfrieren. Zuallererst würde ich mit meinem Vater einen Spaziergang machen. Schon unsere Vorfahren wußten, daß es sich im Gehen leichter redet (vgl. Kapitel „Mind changing" in meinem Buch „So werden Sie zum Sieger!" (Signum Verlag, 3. Aufl. 1999)). Wir unterliegen, wenn wir in Bewegung sind, nicht so leicht geistigen Blockaden, als wenn wir ruhig sitzen. Ich würde meinem Vater zunächst einmal sagen, wie sehr ich ihn liebe. Ich würde ihm auch sagen, daß ich mir nie im Leben andere Eltern wünschte. Die Erinnerung an einige schöne gemeinsame Erlebnisse und daran, wie glücklich wir als Familie waren, schafft eine neue, positive Atmosphäre.
Es ist nicht selbstverständlich, daß arme Menschen ihren Kindern eine akademische Ausbildung ermöglichen. „Sagen Sie Ihrem Vater, daß Sie das wissen und es auch in Dankbarkeit zu schätzen wissen", forderte ich Elisabeth auf. Alle Eltern sehen in ihren Kindern immer ihre Kinder, ganz egal, wie alt diese sind. Kinder bleiben immer Kinder. Und dort liegt die Herausforderung für Elisabeth: Kind zu bleiben und dem Vater klarzumachen, daß man mit 37 (oder mit 50) für sein Leben selbst verantwortlich ist. Daß man für Ratschläge ein offenes Ohr hat, aber letztendlich immer seine eigenen Entscheidungen treffen muß. Selbst dann, wenn aus der Sicht der Eltern manche Entscheidungen falsch sind. Wir müssen in unserem Leben unsere eigenen Erfahrungen machen. Und dazu gehört nun auch einmal, daß man Fehler macht. Woraus sonst sollten wir lernen?
„Machen Sie Ihren Vater zu Ihrem Berater!" habe ich Elisabeth empfohlen. Sieben Jahrzehnte Lebenserfahrung sollte man nicht in den Wind schlagen. Fragen Sie ihn, wie er in

bestimmten Situationen entscheiden würde. Wenn Sie Ihre Entscheidung getroffen haben, sagen Sie auch, warum! In den meisten Fällen wird der ältere Mensch glücklich darüber sein, daß er überhaupt als „Berater" eingebunden wird. Menschen, die ein Leben lang Verantwortung für sich und andere getragen haben, kommen sich häufig nach ihrem Ausscheiden aus dem Arbeitsprozeß nutzlos vor. Sie fühlen sich leer. Keiner kommt mit Fragen, niemand erwartet Entscheidungen. Man ist von einem Tag auf den anderen zum Nichtstun verdammt. Dazu kommt noch, daß sich nur wenige Menschen auf ein Leben im Ruhestand vorbereitet haben. In Ermangelung anderer Möglichkeiten stürzt man sich nunmehr mit Energie darauf, das Leben der Familienmitglieder zu organisieren und zu bestimmen.

Sollten Sie in einer ähnlichen Situation wie Elisabeth sein, versuchen Sie mit Ihrem Vater oder Ihrer Mutter so zu reden, wie Elisabeth es getan hat. Sie lebt seither (nach einer kurzen Umgewöhnungsphase) wieder in Harmonie mit ihren Eltern. Der Vater ist eingebunden in das, was Elisabeth bewegt. Elisabeth hat das Glück, daß die Tips ihres Vaters immer wieder brauchbar sind. Und die Mutter kann sich entspannt und zufrieden zurücklehnen. Sie muß nicht mehr zwischen den Fronten ausgleichen.

28.

So werden Sie mit Berufskritisierern *fertig*

Kennen Sie das? Jemand kritisiert Sie, und Sie haben das untrügliche Gefühl, dieser Jemand macht das aus reiner Freude daran, Sie zu quälen. Diese Situation erleben Sie nicht nur einmal, sondern Ihr Quälgeist macht es sich schon beinahe zur Lebensaufgabe, Fehler, die Sie machen, aufzuspüren, um Sie dann genüßlich darauf hinzuweisen und anständig in die Pfanne zu hauen.
Solche Situationen gibt es relativ häufig. Vor allem im Berufsleben. Meistens sind die Opfer diesen Angriffen völlig wehrlos ausgeliefert. Sie sind daher entsprechend verzweifelt.

REZEPT

Die gute Nachricht

Es gibt ein Gegenmittel! Zuallererst jedoch müssen Sie sich selbst überprüfen. Wie ist Ihre persönliche Einstellung Fehlern gegenüber? Sind Fehler etwas, was absolut nicht passieren darf? Sind Fehler ein Zeichen dafür, daß derjenige, welcher sie macht, unbedingt kritisiert werden muß? Oder ist Ihre Einstellung zu Fehlern die folgende: „Es ist zwar nicht erfreulich, wenn sie passieren, aber man lernt daraus."
Wenn Sie die erste, also die negative Einstellung zu Fehlern haben, müssen Sie Ihre Denkweise ganz rasch korrigieren! Fehler werden gemacht, solange es Menschen gibt. Wenn Sie die Einstellung haben: „Es ist passiert, was habe ich daraus gelernt?" dann haben Sie eine gesunde Einstellung zu Fehlern aller Art.
Denken Sie einmal an die Forschung. Mindestens 100 pharmazeutische Firmen forschen nach einem Mittel gegen AIDS. Jeder Fehlschlag könnte auch als Fehler angesehen werden. Bei einer solchen Betrachtungsweise würden wir bald keine Forscher mehr haben. Auch die meisten Erfinder hätten längst aufgegeben. Alle diese Menschen wissen, daß ein Fehlschlag lediglich einen falschen Weg anzeigt. Also werden neue Wege gesucht. Und irgendwann wird einer von ihnen den richtigen Weg gefunden haben.

Wenn Sie also die Einstellung haben, daß man Fehler nicht machen soll, daß Fehler etwas Negatives sind, ändern Sie sie. Ab sofort fragen Sie sich bei jedem Fehler: „Was habe ich daraus gelernt?“ Sie werden sehr bald feststellen, wie vorteilhaft diese Einstellung sowohl für Ihre Psyche als auch für die Vermeidung künftiger Fehler ist.

REZEPT

Das ist aber nur Teil 1 Ihrer neuen Strategie. Teil 2 ist Ihrem „Quälgeist“ gewidmet. Ihre neue Einstellung zu Fehlern bringt es zwangsläufig mit sich, daß Sie aus Ihren Fehlern lernen wollen.
Sie haben einen Fehler gemacht und werden darauf aufmerksam gemacht. Sie wollen aus Ihrem Fehler lernen! Sie haben nach bestem Wissen und Gewissen gehandelt und angenommen, daß Sie's richtig gemacht haben. Was also ist naheliegender, als Ihren Kritiker mit freundlichen Worten darum zu bitten, Ihnen zu sagen, was Sie seiner Meinung nach hätten tun sollen, um diesen Fehler zu vermeiden. Sie wollen ja aus Ihren Fehlern lernen! Hat es Ihr Kritiker ehrlich gemeint, wird er Ihnen ganz sicher helfen. Hat Ihr Kritiker lediglich aus Freude am Kritisieren gehandelt, wird er vermutlich auch keine Lösungsvorschläge für Sie haben.
Wenn Sie die Strategie „Bitte hilf mir, damit ich den Fehler nicht noch einmal mache“ einige Male konsequent durchziehen, wird Ihr Kritiker vorsichtig werden, läuft er doch jedesmal Gefahr, eine Lösung für Sie bereit haben zu müssen. Hat er eine Lösung, na wunderbar! Sagen Sie danke, und freuen Sie sich, etwas dazugelernt zu haben!

29.

So haben Sie in langen Sitzungen und Besprechungen **mehr Power** *als die anderen*

Stundenlange Sitzungen, Meetings, Besprechungen und Diskussionen. Die Luft ist geschwängert vom Zigarettenrauch. Alle sind übermüdet, und es ist noch kein Ende der Sitzung abzusehen.
Endlich gibt es eine Pause von 15 oder 20 Minuten. Die Teilnehmer verlassen den Raum, einige gehen aufs WC, die anderen diskutieren auf dem Gang oder im Foyer weiter.
Die Pause ist vorbei, von Erholung keine Spur. Wäre es nicht toll, wenn Sie jetzt erholt und voll Power in die nächste Verhandlungsrunde gehen könnten?

REZEPT

Power in fünf Minuten

*Ich möchte Sie jetzt mit einer Technik bekanntmachen, die es Ihnen in ab sofort ermöglicht, innerhalb von nur fünf Minuten Power für die nächsten zwei Stunden zu tanken.
Wenn Sie das nächste Mal in einer der oben beschriebenen Situationen sind, ziehen Sie sich für fünf Minuten an einen Ort zurück, wo Sie alleine sind. Gehen Sie entweder in Ihr Büro, oder, wenn das nicht möglich ist, suchen Sie die nächste Toilette auf. Klappen Sie den Deckel herunter, und setzen Sie sich drauf. Nehmen Sie Ihren Schlüsselbund in die Hand. Lassen Sie die Hand mit dem Schlüsselbund einfach herunterhängen. Lehnen Sie sich mit dem Rücken an die Wand. Nun schließen Sie die Augen, und versuchen Sie zu schlafen. Keine Angst, Sie werden den Rest der Sitzung ganz sicher nicht verschlafen! Dafür sorgt schon der Schlüsselbund, der Ihnen genau im richtigen Augenblick aus der Hand fallen wird. Das Scheppern der Schlüssel, wenn sie auf den Boden fallen, weckt Sie 100prozentig auf. Versuchen Sie einfach zu schlafen. Sobald Sie von der geistigen Entspannungsphase in die Muskelentspannungsphase hinübergleiten (nach ca. fünf Minuten), fällt Ihnen der Schlüsselbund aus der Hand. Sie sind augenblicklich wieder hellwach. Und für die nächsten zwei Stunden voll fit.
Beim ersten Mal kann es sein, daß Ihnen diese Technik nicht gelingt, weil Sie Angst haben, etwas Wichtiges zu verschlafen. Nur Mut, Sie schaffen es ganz sicher beim nächsten Mal!*

30.
Wieviel Lob *braucht der Mensch?*

Bei einem meiner Seminare erzählte mir ein Teilnehmer folgende Geschichte: Er und sein Freund fanden nach ihrem Studium Stellen als Konstrukteure bei einem großen deutschen Automobilkonzern. Sieben Jahren arbeiten die beiden nun schon in der Konstruktionsabteilung. Mein Seminarteilnehmer ist mit der Konstruktion von Kühlergrills und sein Freund und Studienkollege mit der von Türgriffen für PKW beschäftigt.
Einige Ideen meines Seminarteilnehmers, wir wollen ihn der Einfachheit halber Otto nennen, wurden in dieser Zeit auch tatsächlich realisiert. Sein Freund, nennen wir ihn Karl, hatte weniger Glück. Keiner der von ihm auf dem Reißbrett entwickelten Türgriffe hat jemals die Umsetzung in die Realität erlebt. Otto meinte, wenn in all den Jahren nicht ein einziger seiner Entwürfe für Kühlergrills wenigstens teilweise Realität geworden wäre, hätte er an seiner Qualifikation als Konstrukteur gezweifelt, und er wäre vermutlich nicht mehr in der Firma. Für ihn zeigt die Umsetzung seiner Ideen in die Praxis, daß man seine Arbeit schätzt. Für Otto ist die Anerkennung seiner Leistungen wichtig, damit er auch weiterhin die notwendige Motivation für seine Arbeit hat.
Karl sollte eigentlich unzufrieden und in höchstem Maße demotiviert sein. Keiner seiner Entwürfe wurde bis zum heutigen Tag Wirklichkeit. Das Gegenteil ist der Fall! Karl ist nach wie vor höchst motiviert, immer guter Dinge, positiv und optimistisch. Und das, obwohl er ganz offensichtlich beruflich seit Jahren absolut erfolglos ist. Für Otto ist das vollkommen unverständlich. Er kann es nicht fassen, daß Karl noch immer so motiviert und begeistert arbeitet.

Vielleicht kennen auch Sie einen ähnlichen Fall. Es kann sein, daß Ihre Geschichte nicht ganz so extrem ist wie die von Otto und Karl. Und trotzdem sagen Sie sich manchmal: „Wenn es mir so gehen würde, wie der oder dem ..., ich

könnte so nicht arbeiten.“ Warum sind manche Menschen motiviert und mit vollem Engagement bei der Sache, obwohl sie nie irgendeine Anerkennung für ihre Leistung bekommen? Andere wiederum erwarten für jede Kleinigkeit Lob und Anerkennung. Sie sind unzufrieden und demotiviert, wenn man ihnen die ihrer Meinung nach vollkommen berechtigte Anerkennung vorenthält.
Eines ist klar: Auch Karl freut sich über die Anerkennung seiner Leistungen. Das ist durchaus normal. Aber er ist in seiner Motivation davon nicht abhängig. Und *das* ist es, was den Unterschied ausmacht. Es gibt Menschen, die in allem, was sie tun, von ihrer Umwelt abhängig sind. Werden sie gelobt, ist die Welt in Ordnung. Enthält man ihnen – das ihrer Meinung nach berechtigte – Lob und die Anerkennung für ihre Leistungen vor, sind sie frustriert und neigen dazu, alles hinzuwerfen. Oder sie arbeiten noch mehr als bisher. Manchmal arbeiten diese Menschen bis an den Rand der Erschöpfung und stellen dann frustriert fest, daß alle Anstrengung umsonst war. Keine Anerkennung (wie immer auch diese aussehen mag), kein Lob.

Jetzt wird sich Ihnen der Gedanke aufdrängen: „Wenn das so ist, dann sind ja diese Menschen über Lob und Anerkennung manipulierbar!“ Sie haben recht, das ist möglich! Die Entscheidung darüber, was lobenswert ist und was nicht, ist subjektiv. Was für den einen lobens- und anerkennenswert ist, kann für einen anderen ganz normal und nicht erwähnenswert sein.
Warum ist das so? Wie so oft, liegt auch hier die Erklärung in uns selbst. Einmal mehr geht es um die zentrale Instanz in unserem Leben: um das Selbstwertgefühl. Grundsätzlich kann man von folgendem ausgehen: Je stärker das Selbstwertgefühl, detso weniger ist man von den Meinungen der Umwelt abhängig. Ist das Selbstwertgefühl schwach, ist man wesentlich stärker von der Umwelt abhängig. Man ist bemüht, es allen recht zu machen, und leidet darunter, wenn diese Strategie nicht funktioniert. Diese „Ich möchte Everybody's Darling sein“-Strategie endet immer in einem persönlichen Desaster. Genau das, worauf die Strategie ausgerichtet ist, nämlich Lob und Anerkennung zu erreichen, geht nicht in Erfüllung. Die Folge ist, daß diese Menschen unzufrieden und unglücklich sind. Es wird ihnen genau das

vorenthalten, was sie sich ihrer Meinung nach redlich verdient haben.
Ich habe schon erwähnt, daß die Beurteilung dessen, was lobenswert ist und was nicht, subjektiv ist. Das bedeutet: Ich kann durchaus das Gefühl haben, für eine bestimmte Leistung Anerkennung verdient zu haben. Mein Vorgesetzter, mein Partner oder meine Partnerin, meine Eltern oder mein Trainer sehen das aber ganz anders. Für sie ist diese Leistung in der Norm und deshalb nicht extra erwähnenswert. Jetzt befinde ich mich im Teufelskreis nicht erhaltener Anerkennung. Ich bin „lobfrustriert" (frustra = vergeblich).

In unserer hektischen, schnellebigen Zeit kommen Lob und Anerkennung leider relativ häufig zu kurz. Führungskräfte stehen genauso unter Leistungsdruck wie ihre Mitarbeiter. Eltern sind dem Streß ihrer Arbeitswelt und manchmal dem ihrer nicht sehr glücklichen Partnerschaft ausgesetzt. Kinder dem Schulstreß. Frauen leiden häufig unter der Doppelbelastung Beruf und Familie. Unsere Leistungen werden als Selbstverständlichkeit angesehen. Und Selbstverständliches ist nicht extra anzuerkennen.
Wie bereits erwähnt, ist die Lobfrustration mit dem Selbstwertgefühl in Zusammenhang zu bringen. Was also können wir tun, um dieser Frustration zu entkommen? Können wir unsere Partner, Eltern oder unsere Vorgesetzten ändern?
Nein, vermutlich werden wir das nicht können. *Also müssen wir in uns selbst etwas ändern.* Aber was? Die Antwort ist genau so einfach wie schwierig zugleich.

Wie wir bereits wissen, wird jemand, der sehr selbstbewußt ist, weniger darunter leiden, wenn man seine Leistungen nicht anerkennt, als jemand, dessen Selbstwertgefühl nicht sonderlich entwickelt ist. Ich möchte aber nochmals darauf hinweisen, daß sich jeder Mensch über Lob und Anerkennung freut. Die Frage ist nur, wie abhängig man davon ist. Grundsätzlich können wir das nach der einfachen Formel berechnen:

Je niedriger das Selbstwertgefühl, desto größer die Lobabhängigkeit.

REZEPT

Sind wir mit einem gesunden Selbstwertgefühl ausgestattet, sind wir weit weniger lobabhängig. Mit Hilfe von außen können wir nicht rechnen, also müssen wir nach dem Motto „Hilf dir selbst, sonst hilft dir keiner", handeln. Wir stärken ganz einfach unser Selbstwertgefühl. Gelobt werden wir deshalb auch nicht öfter, aber wir brauchen es nicht mehr so sehr! Wie Sie es erreichen, Ihr Selbstwertgefühl zu stärken, lesen Sie im Kapitel „Manchmal habe ich Angst, das Falsche zu tun" (Kapitel 4). Machen Sie's, wie dort beschrieben, und der Erfolg wird Sie belohnen!

31.
Meine Mitmenschen werden immer schwieriger

Anna ist 42, erfolgreiche Managerin und Mutter von zwei Kindern im Alter von 18 und 20. Sie ist seit 22 Jahren verheiratet, führt eine glückliche Ehe und hat ein harmonisches Familienleben.

Seit einiger Zeit stellt Anna fest, daß die Menschen, mit denen sie zu tun hat, immer schwieriger werden. Und zwar sowohl im Berufs- wie im Privatleben, ja sogar im Tennisclub hat sie zunehmend mehr Schwierigkeiten mit den anderen Mitgliedern. Mit Eltern und Schwiegereltern hat sie neuerdings echte Kommunikationsschwierigkeiten. Keiner hört ihr zu, niemand interessiert sich dafür, was sie zu sagen hat.

„Haben sich die Menschen, mit denen ich es zu tun habe, so verändert? Oder gibt es andere Ursachen für dieses Verhalten?" fragte mich Anna in einer Seminarpause.

Es ist klar, daß man solche Situationen nicht in 20 Minuten zwischen Tür und Angel besprechen kann. Das von Anna angesprochene Thema ist deshalb so interessant, weil es vielen Menschen genau so geht wie ihr. Findet man keinen Weg aus diesem Dilemma, ist der Mißerfolg vorprogrammiert. Die Folge sind unglückliche partnerschaftliche Beziehungen, ein schlechtes Verhältnis zu Kindern und Eltern; im Berufsleben droht Isolation.

Menschen verändern sich im Laufe ihres Lebens. „Das ist mir schon klar", sagte Anna, „aber warum auf einmal alle, mit denen ich zu tun habe?" „Was läuft da falsch?" fragt man sich. Die meisten Betroffenen finden darauf keine Antwort. Vor allem auch deshalb, weil wir zuallererst immer davon ausgehen, daß wir die anderen analysieren müssen, um an die Lösung zu kommen.

Aber zurück zu unserer erfolgreichen Managerin Anna. Am Abend, vor dem Kaminfeuer im Hotel, erzählte mir Anna ihre Geschichte:

Seit mehr als 20 Jahren managt Anna ihr Privatleben. Das heißt, sie managt ihre Familie und den Haushalt, der ja neben dem Beruf auch noch zu führen ist. Ihr Mann ist Verkaufsleiter und viel unterwegs. Auch für ihn muß alles, von der frischen Wäsche bis hin zum Kofferpacken, organisiert werden. Die Kinder leben beide noch zu Hause. Auch sie müssen versorgt werden. Darüber hinaus sind jedem Familienmitglied bestimmte Aufgaben zugeteilt, damit der Haushalt klaglos funktioniert. Eltern und Schwiegereltern müssen betreut werden. Auch für sie gibt es immer wieder etwas zu organisieren.

Anna hat das alles seit Jahren fest im Griff. Bis vor einiger Zeit ist auch alles gut gelaufen. Nur seit ein paar Monaten ist offensichtlich Sand im Getriebe.

In der Firma hat Anna es von der einfachen Mitarbeiterin im Sekretariat zur Marketing-Managerin gebracht. Sie ist für ein Budget von etwa 100 Millionen Schilling (mehr als sieben Millionen Euro) und für 15 MitarbeiterInnen, der Großteil davon sind Männer, verantwortlich. Es ist bekannt, daß es Frauen in Führungspositionen wesentlich schwerer haben als Männer. Anna ist zu einer knallharten Managerin geworden. Knallhart und erfolgreich.

Das so gut organisierte Leben Annas läuft jetzt Gefahr sich aufzulösen. Die Kinder wehren sich dagegen, die ihnen übertragenen Aufgaben im Haushalt weiterhin zu übernehmen. Wenn sie etwas machen, dann immer so, daß es Anlaß zur Kritik gibt.

Der Ehemann beschwert sich mit einem Mal, daß er die jahrzehntelange Bevormundung durch Anna nicht mehr erträgt. Eltern und Schwiegereltern entwickeln plötzlich eigene Initiativen. Das wäre an sich nicht schlecht. In unserem Fall jedoch entwickeln sich die alten Herrschaften geradezu kontraproduktiv zu Annas wohldurchdachter Organisation.

Anna steht vor einer völlig neuen Situation. Ihre schöne Ordnung, die sich so viele Jahre bewährt hat, ist dabei, sich in Luft aufzulösen. Zu guter Letzt halten ihr Kinder und Ehemann vor, daß sie sich nur für ihren Beruf, nicht aber für ihre Familie interessiere.

Das soll jetzt einer verstehen. Jahrelang sagt niemand auch nur ein Wort. Und plötzlich scheinen sich alle gerade gegen den Menschen verschworen zu haben, der seit 20 Jahren nichts anderes im Sinn hat, als das Beste für seine Lieben.

In der Firma sieht sich Anna einer Kündigungswelle in ihrer Abteilung gegenüber – ihre besten Mitarbeiter sind gegangen. Als einzigen Grund dafür gaben sie an, das unmensch-

liche Verhalten Annas nicht mehr aushalten zu können (wollen). Und das nach all den Jahren, in denen Anna peinlich genau darauf geachtet hatte, alle MitarbeiterInnen gerecht zu behandeln. Niemand kann ihr einseitige Bevorzugung oder Benachteiligung vorwerfen. Niemand kann Anna vorwerfen, sich nicht um die Familie gekümmert zu haben. Kein Mitarbeiter kann ihr Ungerechtigkeit vorwerfen. Daß in einem Unternehmen Leistung erwartet wird, ist klar.
Seit Monaten grübelt Anna, was es wohl ist, das ihr geordnetes Leben bedroht und dabei ist, sie aus der Bahn zu werfen. Sie ist sich keiner Schuld bewußt. Sie hat immer alles darangesetzt, für die Familie, für das Unternehmen und für ihre MitarbeiterInnen das Beste zu tun. Also muß es an den anderen liegen.

Was ist wirklich passiert? Zuerst einmal: Anna ist kein Einzelfall. Beispielfälle wie Anna gibt es unzählige. Betroffen davon sind Frauen wie Männer gleichermaßen. Gemeinsam mit Anna habe ich eine Strategie entwickelt, die ihr hilft, ihr Leben wieder in den Griff zu bekommen.

REZEPT

Familie

Wenn sie heimkommen, fragen Sie nicht: „Alles okay?" oder: „Hausaufgaben?" oder: „Schon fertig?" Stellen Sie auch keine Fragen wie: „Hattest du einen erfolgreichen Tag?" „Bist du schon ...?" „Hast du schon ...?"
Auf Fragen dieser Art bekommen Sie als Antwort ein lapidares „Ja" oder ein „Nein". Man nennt diese Fragen auch ***geschlossene*** *Fragen, weil die logische Antwort auf jede dieser Fragen entweder ein NEIN oder ein JA ist. In Situationen der von uns besprochenen Art sind geschlossene Fragen nicht kommunikationsfördernd. Wenn Sie mit Ihren Mitmenschen* ***reden*** *wollen und auch möchten, daß diese* ***reden****, müssen Sie andere Fragen stellen.*
Stellen Sie ***offene*** *Fragen! Offene Fragen müssen so gestellt werden, daß die logische Antwort darauf mehr als ein JA oder ein NEIN ist. Das ist gar nicht so schwer, wie es den Anschein hat. Offene Fragen beginnen immer mit einem Fragefürwort. Und dieses Fragefürwort hat als ersten Buchstaben ein* ***W****. Das ist der Grund dafür, daß man die offenen Fragen auch W-Fragen nennt. Offene Fragen beginnen immer mit:*
Was, wer, weshalb, wofür, wie, wodurch, wann, womit, wobei, weswegen, wohin usw.

Anstatt zu fragen: „Alles okay?" sagen Sie: „Erzähl' mal, **was** war denn bei dir alles los heute?"
Anstatt „Schon fertig?" fragen Sie: „**Wie** weit bist du?"
Sie sehen, es ist gar nicht so schwer. Allein durch die Änderung der Fragetechnik können Sie die Kommunikation mit Ihrer Umwelt verbessern.

Sie mögen nun sagen, daß die Antwort auf die Frage „Was war denn los heute bei dir?" auch „Nichts!" sein kann. Dann wären Sie wieder dort, wo Sie schon waren. Wenn Ihnen das passiert, dann stellen Sie ganz einfach als nächste Frage: „Und was ist dieses ‚Nichts'? Erzähl doch mal!" Jetzt bekommen Sie ganz sicher eine bessere Antwort. Eine Antwort, mit der Sie den Dialog weiter führen können. Bedenken Sie bitte, daß Ihre Familie erst wieder lernen muß, daß Sie zuhören können und wollen. Sie müssen wieder zuhören lernen, und Sie müssen lernen, die richtigen Fragen zu stellen. Sie müssen auch wieder lernen, sich für die kleinen und großen Wehwehchen der anderen zu interessieren. Sie müssen wieder lernen, Lösungen anzubieten. Das bedeutet, daß Sie konzentriert mitdenken müssen. Sie müssen lernen, ruhig sitzen zu bleiben – egal, ob die Waschmaschine ausgeräumt werden sollte, oder der Geschirrspüler. Das hat sicher noch ein paar Minuten Zeit. Es ist auch nicht entscheidend für den Ausgang eines Fußballspiels, ob Sie es sich im Fernsehen ansehen oder nicht. Wenn Sie gerade am Zuhören sind, und das Telefon läutet, nehmen Sie ab, und vereinbaren Sie einen Rückruf. Ihre Familie hat jetzt Vorrang!
Hören Sie auf, die Familienmitglieder zu bevormunden. Das sind genau wie Sie Menschen mit eigenen Ideen, einem eigenen Willen und eigenen Träumen. Es ist auch nicht notwendig, daß Sie das Leben der anderen total organisieren. Lassen Sie Ihren Mitmenschen mehr Freiraum. Lassen Sie sie selbst entscheiden, was gut und was weniger gut für sie ist. Vergessen Sie das Motto: „Alles tanzt nach meiner Pfeife" – selbst wenn Sie der Meinung sind, daß eine bestimmte Sache so nicht laufen kann. Lassen Sie dem anderen seinen Willen. Wenn es dann doch nicht funktioniert, sagen Sie nicht hämisch „Ich hab's gewußt, aber auf mich hört ja keiner!" Stellen Sie sich gemeinsam die Frage, warum es schiefgelaufen ist und was man verbessern kann. Hören Sie auf, das Leben der anderen zu programmieren. Planen Sie ge-

meinsam. Nehmen Sie Rücksicht auf die Wünsche und Ideen der anderen. Sie werden sehr bald feststellen, daß Ihr Leben und das Ihrer Familienmitglieder eine neue, positive Dimension bekommt.

Häufig kommt, wie auch bei Anna, die Zärtlichkeit zu kurz. Als Kinder einer hektischen Zeit haben wir so manches verlernt, so auch die Zärtlichkeit. Denken Sie einmal darüber nach, wann Sie das letzte Mal einen Ihrer Lieben zärtlich gestreichelt oder in den Arm genommen haben. Sie können sich nicht mehr erinnern? Dann ist es an der Zeit, daß Sie es endlich wieder einmal tun!
Wann haben Sie einem Ihrer Lieben das letzte Mal etwas Liebes gesagt? Zum Beispiel „Ich liebe dich!" Sie meinen, das sei kindisch? Versuchen Sie's, und Sie werden feststellen, wie wichtig das für den anderen ist. Wann haben Sie Ihre Lieben das letzte Mal mit einer kleinen Aufmerksamkeit erfreut? (Zum Beispiel mit einer Blume, Süßigkeiten, einer CD usw.) Wann haben Sie Ihre Lieben zuletzt mit einem zärtlichen Blick bedacht?

Ändern Sie Ihr Verhalten, und nach ganz kurzer Zeit schon werden Sie feststellen, daß sich vieles zum Positiven verändert hat. Aber bitte haben Sie Geduld mit sich selbst und den anderen! Sie müssen das alles wieder lernen und neu entdecken. Das kann schon eine Weile dauern. Sie werden erfreut feststellen, daß es Schritt für Schritt aufwärts geht. Sie werden feststellen, daß Ihre Umwelt relativ rasch lernt, selbständig zu denken und zu handeln.
Machen Sie es sich nicht zur Regel, zu sagen: „Gott, bin ich müde, laßt mich heute bitte in Ruhe!" Und erzählen Sie nicht zuallererst von Ihren beruflichen Problemen und Ihren tollen Erfolgen. Das kann warten. Wenn Sie wieder ein glückliches und harmonisches Privatleben haben wollen, interessieren Sie sich zuerst für die Erfolge und Probleme Ihrer Familie.
Sie meinen, Sie sind dafür zu ausgepowert, Sie haben einfach nicht die Nerven dafür? Dann lesen Sie das nächste Kapitel sehr genau, und handeln Sie danach! Und nach kurzer Zeit schon werden Sie mehr Kraft haben.

REZEPT

Beruf

Sie sind wie Anna erfolgreich und knallhart. Gehen Sie mehr auf Ihre MitarbeiterInnen zu! Suchen Sie den Menschen und nicht ausschließlich die Leistung. Je mehr Ihre MitarbeiterInnen merken, daß sie als Menschen geschätzt werden, um so begeisterter werden sie für Sie dasein. Doch dieses Zugehen auf die Menschen soll kein Mittel der Manipulation sein. Sie müssen Ihre Mitmenschen ehrlich mögen! Zeigen Sie Interesse an dem, was Ihre MitarbeiterInnen interessiert. Stellen Sie Fragen. Über die W-Fragen haben wir uns bereits unterhalten. Fördern Sie die Kreativität Ihrer MitarbeiterInnen. Fordern Sie sie auf, Mut für neue Ideen zu haben. Realisieren Sie Ideen von anderen. Rauben Sie niemals die Lorbeeren, die eigentlich Ihren Mitarbeitern zustehen würden. Geben Sie niemals vor, vor allem nicht vor Ihren Vorgesetzten, daß eine gute Idee von Ihnen stammt, wenn sie in Wirklichkeit von einem Ihrer MitarbeiterInnen stammt.

Das macht Sie stark! Das ist menschliche Größe! Und Sie können sicher sein, von allen anderen um Ihre tolle Mannschaft beneidet zu werden. Niemand wird von Ihnen sagen, daß Sie keine Ideen hätten. Man wird Sie bewundern, wie Sie es schaffen, Ihre MitabeiterInnen so zu motivieren.

Hauen Sie niemanden in die Pfanne, sollte einmal etwas schiefgehen. Suchen Sie gemeinsam nach Lösungen. Wir wissen bereits: Aus Fehlern kann man lernen – aber nur dann, wenn man die richtige Einstellung dazu hat. Wenn Sie es sich trotzdem zur Gewohnheit machen, andere in die Pfanne zu hauen, wenn einmal etwas schiefgeht, werden Ihnen sehr bald keine Ideen mehr angeboten.

Wieviele Führungskräfte kennen Sie, die behaupten, von desinteressierten Mitarbeitern ohne Eigeninitiative umgeben zu sein? Und wer, glauben Sie, hat die Hauptschuld daran? Ändern Sie Ihre Strategie, und Ihre MitarbeiterInnen werden sich verändern!

32.
So erreichen *Sie,*
was Sie sich vorgenommen haben

Vor 15 Jahren lernte Dieter Maria kennen. Maria ist Spanierin, sie stammt aus einer der vornehmsten Familien Madrids. Die beiden lernten einander während des Studiums in Wien kennen. Sie beschlossen zu heiraten. Nach alter Sitte wollte Dieter persönlich bei Marias Eltern um ihre Hand anhalten. Also auf nach Madrid. Dieter beherrschte kein einziges Wort Spanisch. Mit Englisch und der Gebärdensprache wird's schon gehen, dachte er.

Großes Abendessen im Kreis der Familie, und niemand beherrschte auch nur ein einziges Wort in einer anderen Sprache als Spanisch. Marias Familie konnte überhaupt nicht verstehen, wie es möglich war, daß sie sich in einen Menschen verliebte und diesen sogar heiraten wollte, der nicht ein einziges Wort Spanisch sprach. Entsprechend geringschätzig und herablassend wurde Dieter von allen Familienmitgliedern behandelt. Seine wohlvorbereitete Rede, welche er in Englisch halten wollte, konnte er vergessen.

Letztendlich mußte Maria seinen Heiratsantrag den Eltern übersetzen. Trotzdem wurde der Hochzeitstermin festgelegt. In 14 Monaten sollte geheiratet werden. In den nun folgenden 14 Monaten hatte Dieter nur ein einziges Ziel: Er wollte Spanisch lernen und die Familie seiner Frau bei der Hochzeit mit seinen neu erworbenen Sprachkenntnissen überraschen.

Neben seinem Beruf und der Suche einer gemeinsamen, geeigneten Wohnung lernte Dieter in den nächsten Monaten mit Hilfe eines Fernkurses Spanisch. Maria war für ihn die beste Trainingspartnerin, die man sich vorstellen kann.

Bei der Hochzeit in Madrid war der Schwiegervater (um diesen ging es im Speziellen) verblüfft und begeistert, daß er sich mit seinem Schwiegersohn nunmehr in seiner Muttersprache problemlos unterhalten konnte. Dieter war zufrieden, er hatte sein Ziel erreicht.

In den folgenden zehn Jahren hatte Dieter es in seiner Firma bis zum Geschäftsführer gebracht. Er hatte international einen ausgezeichneten Ruf als Manager. Seine Firma machte

ihm das Angebot, nach Rio de Janeiro zu übersiedeln, um von dort aus, als Präsident der Gesellschaft, die Geschicke des Unternehmens für den ganzen südamerikanischen Raum zu dirigieren. Die einzige Bedingung: Als Präsident einer Gesellschaft mit Sitz in Rio war die Beherrschung der portugiesischen Sprache unabdingbar. Bei Antritt seines Postens zehn Monate später sprach Dieter fließend Portugiesisch, und nicht nur das, er beherrschte die Sprache in Wort und Schrift.
Nach wie vor leitet Dieter die Geschicke des Unternehmens als Präsident der Gesellschaft sehr erfolgreich von Rio aus.

Die Geschichte von Maria und Dieter ist nur ein Beispiel von vielen. Sie beweist, daß man seine Ziele und Visionen verwirklichen kann. Leider haben die meisten Menschen keine Ziele, also müssen sie zuerst einmal darangehen, ihre Lebensziele genau zu definieren. Für die nächsten Übungen ist es wichtig, ca. 30 Minuten möglichst ungestört zu sein. Nehmen Sie ein leeres Blatt Papier zur Hand, und machen Sie die nachfolgende Übung.

ÜBUNG 1
Die Beerdigung
(nach Stephen Covey)

Schreiben Sie auf ein Blatt Papier rechts oben das Datum – aber nicht das Datum von heute, sondern das Datum von heute in genau drei Jahren. Wenn heute der 10. Januar 2000 ist, so tragen Sie als Datum rechts oben auf Ihrem Blatt Papier den 10. Januar 2003 ein. Lehnen Sie sich nun gemütlich in Ihrem Stuhl zurück, und stellen Sie sich die folgende Situation vor:
Es ist heute in drei Jahren, Sie sitzen beim Frühstück und studieren Ihren Terminkalender. Sie finden eine Eintragung, die nicht von Ihnen stammt. Da steht: ***11.00 Uhr Beerdigung in der XYZ****-Kirche. Sie wissen nicht, wer diese Eintragung in Ihrem Kalender vorgenommen hat, es muß aber wichtig sein, sonst würde dieser Termin nicht eingetragen worden sein.*
Gegen 11.00 Uhr machen Sie sich auf den Weg und kommen als einer der letzten Gäste in die Kirche. Sie nehmen in der letzten Reihe Platz. In den Reihen vor Ihnen sitzen Ihre Familie, Ihre Freunde, Ihre Nachbarn, Arbeitskollegen und viele Bekannte. Sie blicken etwas verwirrt und unsicher um sich. Plötzlich entdecken Sie auf der Ablage für

die Gebetbücher einen Zettel. Sie nehmen diesen Zettel in die Hand und lesen zu Ihrer Verblüffung den nachfolgenden Text: ***Wir trauern heute um ....*** *– Sie lesen Ihren eigenen Namen. Sie sind befremdet, lesen jedoch mit Interesse weiter:* ***Anläßlich Ihrer Beerdigung werden vier Personen eine Rede halten.***

- ☞ **Ein Familienangehöriger** *(der Name ist nicht definiert)*
- ☞ **Ein Vertreter Ihres beruflichen Umfeldes** *(Chef, Kollege, Mitarbeiter oder Kunde)*
- ☞ **Ein Freund**
- ☞ **Ein Vertreter Ihres weiteren Bekanntenkreises** *(Nachbar, Sportsfreund, ...)*

Diese vier Redner werden einen Zeitraum von drei Jahren in Ihrem Leben beleuchten, und zwar den Zeitraum (in unserem Beispiel) 10. Januar 2000 bis 10. Januar 2003. Jeder Redner wird über das Verhältnis zwischen ihm und Ihnen berichten.

Manchen Lesern wird diese Übung etwas makaber vorkommen. Flüchten Sie bitte nicht, sondern stellen Sie sich die Frage, ob Sie stark genug sind, sich mit dem zu beschäftigen, was positiv wie negativ in Ihrem Leben wirklich zählt.

Ihr Motto sollte lauten: ***Heute ist der Tag, an dem ich von meinen Einsichten für mein weiteres Leben noch profitieren kann.***

Greifen Sie jetzt zum Kugelschreiber, schreiben Sie auf, was Sie gerne hätten, das die vier Redner über Sie sagen.

Wenn Sie die Übung gemacht haben, werden Sie vermutlich einige interessante Aha-Erlebnisse haben.

ÜBUNG 2

Der 2. Teil dieser Beerdigungsübung wird Ihre Aha-Erlebnisse noch verstärken. Nehmen Sie ein neues Blatt Papier zur Hand, und schreiben Sie rechts oben das heutige Datum, und diesmal das wirkliche heutige Datum, hin, und lehnen Sie sich wieder gemütlich zurück. Schließen Sie Ihre Augen, und erleben Sie das gleiche Szenario wie vorher noch einmal – mit dem Unterschied, daß die Beerdigung heute (10. Januar 2000) stattfindet. Die vier Redner beleuchten wieder einen Zeitraum von drei Jahren Ihres Lebens, sie blicken zurück – diesmal auf den realen Zeitraum (in unserem Beispiel 10. Januar 2000 bis 10. Januar 1997).

Schreiben Sie auf, was die vier nunmehr tatsächlich, und zwar der Wahrheit entsprechend, über Sie sagen können.

Vergleichen Sie im Anschluß daran die Ergebnisse der beiden Übungen miteinander, und mit großer Wahrscheinlichkeit werden Sie vor der nächsten Übung bereits wissen, was zu tun ist.

ÜBUNG 3

Nehmen Sie wieder ein leeres Blatt Papier, und schreiben Sie in den nächsten 15 Minuten zehn Ziele auf (bitte denken Sie daran, es müssen wirklich zehn Ziele sein!), die Sie in den nächsten zwölf Monaten von heute an erreichen wollen.
Ich gratuliere Ihnen! Sie gehören jetzt zu den wenigen Menschen, die Ihre Ziele schriftlich festgelegt haben.
Lesen Sie sich Ihre Ziele noch einmal in aller Ruhe durch, und stellen Sie folgende Überlegung an: Welches von diesen zehn Zielen hat, wenn Sie es erreicht haben, die positivste Auswirkung auf Ihr Leben?
Machen Sie es sich bei dieser Übung nicht leicht, sondern überlegen Sie sehr genau, wofür Sie sich entscheiden!
Wenn Sie Ihre Entscheidung getroffen haben, markieren Sie dieses eine Ziel entweder mit einem Leuchtstift, oder kreisen Sie es mit Ihrem Kugelschreiber ein.
Ich gratuliere Ihnen, Sie gehören jetzt zu etwa jenem einem Prozent der Menschen, die ein klares Ziel vor Augen haben. Nehmen Sie diesen Zettel, falten Sie ihn zusammen, stecken Sie ihn in Ihre Brieftasche oder in Ihre Geldbörse. Das nächste Mal sollten Sie in genau einem Jahr nachlesen, welche Ziele Sie heute aufgeschrieben haben. Sie werden unter Garantie die Feststellung machen, daß Sie mindestens sechs bis sieben Ihrer Ziele bereits erreicht haben. ***Dazu sollten Sie sich selbst gratulieren.*** *Die restlichen drei bis vier Ziele werden Sie ebenfalls bald erreicht haben.*

ÜBUNG 4

Schritt 1

Nehmen Sie ein neues Blatt Papier, und schreiben Sie als Überschrift das für Sie wichtigste Ziel aus der Übung von vorhin. Nun legen Sie die genauen Details fest. Nehmen wir an, Ihr Hauptziel ist es, die Beziehung zu Ihrem Lebenspartner zu verbessern. Schreiben Sie in Stichworten oder auch in ausformulierten Sätzen auf, wie diese Beziehung in allen Details wäre, wenn sie wieder optimal sein würde. Lassen Sie sich Zeit dabei, es geht um Ihr Leben und Ihr Lebensglück, und das sollte Ihnen ein paar Minuten wert sein.

Schritt 2

Denken Sie an den Spruch: „Planung ist das halbe Leben." Schreiben Sie auf, wie Sie vorgehen werden, um Ihr Ziel auch tatsächlich zu erreichen. Halten Sie jeden noch so kleinen Schritt, den Sie für notwendig erachten, schriftlich fest.
Diesen Teil der Übung werden Sie vermutlich heute nicht zu Ende bringen. In den nächsten Tagen, Wochen und Monaten schreiben Sie bitte jedes noch so kleine Detail auf, welches Ihnen dabei helfen könnte, Ihrem Ziel näher zu kommen. Verlieren Sie nicht den Mut und auch nicht die Geduld dafür. Glauben Sie mir, es lohnt sich.

Schritt 3

Schreiben Sie nun auf Ihren Zettel ganz groß das Wort WARUM? Schreiben Sie alles auf, was Ihnen einfällt, warum (aus welchem Grund) Sie gerade dieses Ziel erreichen möchten. Arbeiten Sie nicht mit globalen Begriffen, sondern gehen Sie bis ins kleinste Detail.
Am Anfang wird Ihnen diese Übung nicht leicht fallen. Denken Sie einige Minuten intensiv über das WARUM nach, und beginnen Sie dann erst zu schreiben. Jetzt markieren Sie die stärksten drei WARUM.

Diese Übung ist deshalb sehr wichtig, weil es nicht immer einfach ist, unsere Ziele zu erreichen. Manchmal müssen wir Entbehrungen auf uns nehmen. Wir müssen Rückschläge hinnehmen, wir treten auf der Stelle, und nur ein starkes WARUM gibt uns die Kraft und die Leidenschaft, weiterzumachen.

33.

Wenn Sie an einem **toten Punkt** *angelangt sind*

Manchmal hat man das Gefühl, daß es einfach nicht mehr weitergeht. Man hat zwar sein Ziel, man begehrt es auch leidenschaftlich, aber man tritt gewissermaßen auf der Stelle und ist schon leicht verzweifelt.
Wenn auch Sie das Gefühl haben, auf der Stelle zu treten und sich nicht darüber im klaren sind, welches die nächsten Schritte sind, die Sie auf Ihrem Weg zum Ziel gehen sollten, empfehle ich Ihnen eine Übung, die auch mir schon sehr geholfen hat.

ÜBUNG

Der Blick zurück

Setzen oder legen Sie sich hin. Machen Sie es sich so bequem wie möglich. Schließen Sie Ihre Augen. Stellen Sie sich vor, daß Sie Ihr Ziel bereits erreicht haben. Erleben Sie mit der ganzen Kraft Ihrer Gefühle diese tollen Empfindungen. Erleben Sie sich im Ziel, und zwar jetzt. Verstärken Sie diese Empfindungen, und wenn Sie dem geistigen Höhepunkt entgegensteuern, machen Sie einen Blick zurück. Blicken Sie in Gedanken zurück zum heutigen Tag. Stellen Sie sich die Frage: „Wie habe ich es erreicht?" Lassen Sie Ihre Augen dabei geschlossen, bleiben Sie in dem Empfinden, daß Sie Ihr Ziel erreicht haben, blicken Sie in Ihren Gedanken zurück. Fragen Sie sich, welche Schritte Sie gesetzt haben, um dieses erhebende Gefühl der inneren Zufriedenheit zu erreichen.
Schreiben Sie Punkt für Punkt auf, was Ihnen beim Blick zurück alles eingefallen ist. Selbst wenn Ihnen das eine oder andere Detail komisch oder dumm oder sogar unmöglich vorkommt, schreiben Sie es auf!

Der nächste Schritt:
Überlegen Sie zu jedem Punkt, der Ihnen bei der Übung „Der Blick zurück" eingefallen ist, was Sie alles tun müssen, um sagen zu können: „Ich habe dieses Zwischenziel erreicht."
Selbst wenn Ihnen der eine oder andere Zwischenschritt

unmöglich vorkommt, betrachten Sie die Sache positiv, und überlegen Sie, wie Sie es doch tun können.

Es kann vorkommen, daß Sie beim ersten und zweiten Mal zu keinem Ergebnis kommen. Das ist durchaus normal. Ich selbst habe diese Übung beinahe zwei Wochen lang jeden Tag ein paar Minuten gemacht, bis ich endlich wußte, wie es weitergeht. Also, nicht die Nerven verlieren, wenn es nicht gleich beim ersten Mal funktioniert.

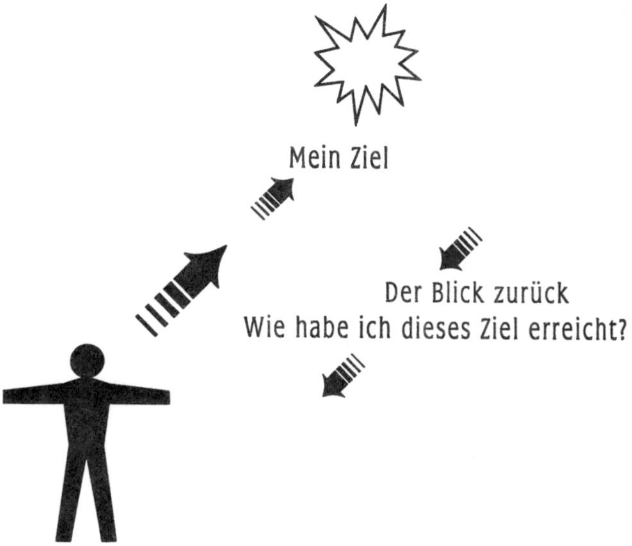

34.

Ich hätte so gerne Charisma – *So optimieren Sie Ihre Ausstrahlung*

Viele Menschen kommen in meine Charisma-Seminare und glauben anfangs, daß sie nach drei Seminartagen fortan als charismatische Persönlichkeiten durchs Leben gehen werden. Es wäre toll, wenn das so einfach ginge. Aber keine Angst, so schwierig ist es auch wieder nicht. Wenn Sie die nachfolgenden Tips beherzigen, werden Ihre Mitmenschen schon nach ganz kurzer Zeit eine vorher nicht dagewesene positive Ausstrahlung an Ihnen bemerken.

- ☞ Charismatische Menschen sind begeistert von der Sache, für die sie kämpfen oder für die sie stehen.
- ☞ Charismatische Menschen beherrschen die bildhafte Sprache. Deshalb werden sie auch so gut verstanden.
- ☞ Menschen mit Charisma leben in innerer Harmonie mit sich selbst und sind mit einem hohen Selbstwertgefühl ausgestattet.

REZEPT

Zuallererst müssen Sie lernen, in innerer Harmonie zu leben. Wie Sie das erreichen? Lesen Sie das Kapitel zum Thema Selbstwertgefühl und das Kapitel zum Thema Entspannungstechniken, und beherzigen Sie die Hinweise, die Sie dort vorfinden. Denken Sie daran: Mit dem Lesen alleine ist es nicht getan. Sie müssen es auch tun!
Wenn Sie in innerer Harmonie mit sich selbst leben, wirkt sich dies nicht nur positiv auf Ihr Seelenleben aus. Sie werden feststellen, daß sich auch automatisch Ihre Körperhaltung, Ihre Mimik, Ihre Atmung positiv verändern, und Sie werden die Feststellung machen, daß Sie mit einem Mal wesentlich mehr positive Gedanken als früher haben.
Sie werden feststellen, daß Sie schwierige Situationen nicht mehr als Problem betrachten, sondern als eine Herausforderung, die es zu lösen gilt. Sie werden darüber hinaus die Erfahrung machen, daß Sie ein gesteigertes Selbstwertgefühl haben. Sie werden mehr noch als bisher offen und positiv auf andere Menschen zugehen, und Sie werden wesentlich

begeisterungsfähiger sein. Jetzt haben Sie eine wichtige Grundlage geschaffen.

Wenn Sie Ihre Ziele richtig ausgewählt haben, werden Sie nunmehr kein Problem mehr damit haben, andere für Ihre Ziele restlos zu begeistern.

Wenn Sie andere für Ihre Ziele begeistern wollen, halten Sie es mit dem französischen Flieger und Schriftsteller Antoine de Saint-Exupéry: **„Wenn du ein Schiff bauen willst, so trommle nicht Männer zusammen, um Holz zu beschaffen, Werkzeuge vorzubereiten, Aufgaben zu vergeben und die Arbeit einzuteilen, sondern lehre die Männer die Sehnsucht nach dem weiten, endlosen Meer."**

Lernen Sie in Bildern zu denken und in Bildern zu sprechen. Es fällt Ihnen schwer, sich bildhaft auszudrücken? Kein Problem! Kaufen Sie sich das Erwachsenenspiel „Memo-Crime" (Ravensburger), und spielen Sie dieses einmal pro Woche. Die Mindestteilnehmerzahl für dieses Spiel: zwei Personen. Glauben Sie mir, Sie und Ihre Mitspieler werden Gefallen an diesem Spiel finden und viel Spaß dabei haben. Spiele wie zum Beispiel „Activity" sind ebenfalls geeignet, das bildhafte Vorstellungsvermögen (rechte Gehirnhälfte) zu verbessern.

Nach ganz kurzer Zeit schon werden Sie feststellen, daß Sie von den anderen besser verstanden werden. Darüber hinaus werden Ihre Ideen mit viel mehr Begeisterung aufgenommen.

35.
Ich habe Ziele vorgegeben *und kann mich dafür einfach nicht begeistern*

Stellen Sie sich folgendes vor: Sie sind Abteilungsleiter in einem mittelgroßen Unternehmen. Ihre Vorgesetzten haben Ihnen ein Jahresziel für Ihre Abteilung vorgegeben. Sie können sich mit diesem Ziel nicht oder nicht so recht identifizieren. Ihre Aufgabe ist es, diese Ziele den Mitarbeitern Ihrer Abteilung so nahezubringen, daß diese mit Begeisterung daran arbeiten, das vorgegebene Abteilungsziel zu erreichen. Sie könnten aber genausogut Verkaufsleiter sein, der seine Mitarbeiter zu vorgegebenen Umsatzzielen begeistern muß.

Eben haben wir davon gesprochen, daß man sich selbst und andere nur dann für eine Sache begeistern kann, wenn man selbst voll dahintersteht. In unserem Beispiel ist dies leider nicht der Fall. Jede Mitarbeiterin, jeder Mitarbeiter hat ein untrügliches Gespür dafür, ob ein Vorgesetzter voll hinter einer Sache steht oder nicht. Fehlt die charismatische Ausstrahlung, ist die Gefahr sehr groß, daß sich die Mitarbeiter mit dem angestrebten Ziel nicht identifizieren. Das Ergebnis einer derartigen Einstellung ist hinlänglich bekannt. Sehr häufig wird Druck ausgeübt, mit dem Erfolg, daß die Lustlosigkeit multipliziert wird.

Wie Sie lernen, sich von dieser Lustlosigkeit hin zur Begeisterung zu motivieren, soll Ihnen meine Geschichte zeigen.

Vor vielen Jahren war ich erfolgreicher Verkäufer im Außendienst. Viermal im Jahr wurden wir zu einer Tagung eingeladen. Neben Themen wie Rückblick, Vorschau sowie fachlichen Informationen wurden uns auch regelmäßig neue Produkte vorgestellt.

Wieder einmal wurden wir zu einer Tagung eingeladen. Unser Verkaufsleiter präsentierte uns ein neues Produkt, das zunächst einmal parallel zu einem anderen Produkt, welches wir bereits im Programm hatten, eingeführt werden sollte.

Aus meiner Sicht brachte das neue, etwa zehnmal so teure Produkt dem Kunden keine wesentlichen Vorteile. Was ich

zu diesem Zeitpunkt nicht wußte, war, daß geplant war, das bereits vorhandene Produkt innerhalb von drei Monaten vom Markt zurückzuziehen.
Vor dem Mittagessen erklärte ich meinem Chef vor versammelter Mannschaft, daß ich meinen Kunden dieses neue Produkt nicht empfehlen werde, weil es meiner Ansicht nach zu wenig Vorteile gegenüber dem bereits gut eingeführten, anderen Produkt habe. Meine Kollegen waren von meiner Idee begeistert, schlossen sich meiner Meinung an.
Weniger begeistert allerdings war mein Verkaufsleiter. Kurz vor der Mittagspause nahm er mich zur Seite und sagte: „Wir haben jetzt drei Stunden Mittagspause. Das heißt, Sie haben genau drei Stunden Zeit darüber nachzudenken, mit welchen Argumenten Sie das neue Produkt Ihren Kunden verkaufen werden. Ich erwarte, daß Sie mindestens zehn Argumente finden!
Bis etwa halb drei Uhr war ich im Schmollwinkel. Ich war gar nicht bereit, mir über Argumente den Kopf zu zerbrechen. Ich dachte auch über mögliche Sanktionen meines Verkaufsleiters nach. Das Szenario war nicht so toll. Ich hatte zu befürchten, daß mein Chef notfalls auf meine Mitarbeit verzichten würde. Das wiederum bedeutete Jobverlust für mich. Ich dachte an Kreditraten, die Miete, den Strom und die Nebenkosten für meine Familie. Darüber hinaus arbeitete ich sehr gerne für dieses Unternehmen.
Also mußte etwas geschehen. Es mußte mir einfach etwas einfallen. Fünf Minuten vor drei Uhr hatte ich endlich drei Argumente beisammen. Argumente, für die ich innerlich geradestehen konnte, bei denen ich meinen Kunden mit gutem Gewissen in die Augen sehen konnte. Und Sie werden es nicht glauben: Das Produkt war der größte Verkaufserfolg seit Jahren. Und das mit meinen Argumenten!

ÜBUNG

Wenn Sie sich irgendwann einmal für Ziele, die Ihnen vorgegeben wurden, nicht begeistern können, versuchen Sie folgende Übung:
Setzen Sie sich bequem hin. Schließen Sie Ihre Augen, atmen Sie ein paar Minuten ruhig und gleichmäßig durch die Nase ein und durch den Mund wieder aus.

Wenn Sie ganz ruhig und gelassen sind, stellen Sie sich vor, das vorgegebene Ziel erreicht zu haben. Jetzt, in diesem Augenblick. Genießen Sie das erhebende Gefühl, das man hat, wenn man sein Ziel erreicht hat. Bleiben Sie in diesem Zustand der Freude und Zufriedenheit. Lassen Sie Ihre Augen geschlossen, atmen Sie weiter ruhig und tief. Denken Sie darüber nach, wie Sie es geschafft haben, Ihr Ziel zu erreichen. Was haben Sie alles unternommen, um zum Erfolg zu kommen? Lassen Sie sich Zeit. Erzwingen Sie nichts. Lassen Sie Ihre Gedanken einfach kommen. Sie werden die Erfahrung machen, daß Sie mit einem Mal Lösungsansätze – oder wie bei mir: Argumente – zur Verfügung haben, an die Sie vorher nicht einmal im Traum gedacht haben. Jetzt ist der Weg zum Ziel um vieles leichter. Sie müssen Ihre Ideen nur noch in die Praxis umsetzen. Sie wissen ja: Handeln, nicht reden!
Sie werden die Erfahrung machen, daß Sie sich mit einem Mal mit den ungeliebten Zielen identifizieren. Die Belohnung für Ihre neue Einstellung ist Ihr Erfolg!
Achtung: Es kann sein, daß Sie nicht gleich beim ersten Mal Erfolg mit dieser Methode haben. Versuchen Sie es noch ein paar Mal, und der Erfolg ist Ihnen sicher!

36.

Wenn andere ständig an mir **rumnörgeln**

„Du bist zu dick, zu dünn, du läßt schon wieder die Schultern hängen, du ißt zu schnell, du ißt zu langsam, du braucht viel zu lange für eine Entscheidung." Es ist für niemanden angenehm, ständig solchen „Anfeindungen" ausgesetzt zu sein.
Es gibt eine einfache und sehr effiziente Methode, mit der Sie derartige Äußerungen sehr rasch ein für allemal abstellen können. Ich nenne diese Technik „Schallplatte mit Sprung".

REZEPT

Schallplatte mit Sprung

Wenn das nächste Mal jemand zu Ihnen sagt: „Du bist zu dick, zu dünn, du läßt schon wieder die Schultern hängen" usw., geben Sie folgende Antwort: „Ich verstehe dich, aber das ist ***dein*** *Problem."*
Wenn Ihr Gegenüber weiter argumentiert, sagen Sie einfach als Antwort immer wieder: „Ich verstehe dich, aber das ist ***dein*** *Problem".*
Egal, was Ihr Gesprächspartner zu diesem Thema antwortet, Ihre Antwort ist wie bei einer Schallplatte mit Sprung: „Ich verstehe dich, aber das ist ***dein*** *Problem."*

Ich weiß, daß diese Methode nicht kommunikationsfördernd ist. Gegen ewige Nörgler ist dies aber eine der besten Abwehrtechniken, die ich kenne.

37.

Mein Gedächtnis *ist wie ein Sieb. Ich kann mir Namen, Zahlen und Gesichter einfach nicht merke*

Überraschend viele Menschen klagen über ein sehr schlechtes Personen-, Namen- oder Zahlengedächtnis. Die Ursache für dieses offenbar nicht vorhandene Gedächtnis: Viele Menschen können sich zu dem, was sie sich merken wollen, keine entsprechenden Bilder machen.

REZEPT

Man merkt sich Informationen, aber auch Lerninhalte wesentlich leichter, wenn man dazu entsprechende Bilder (entsprechende Vorstellungen) hat. Anhand eines Beispiels möchte ich Ihnen zeigen, wie einfach es sein kann, sich zum Beispiel Zahlen zu merken:

0	=	*Ball*	*(ist rund)*
1	=	*Kerze*	*(sieht aus wie eine 1)*
2	=	*Kleiderbügel*	*(sieht aus wie eine 2)*
3	=	*Kinderdreirad*	*(hat 3 Räder)*
4	=	*Aktenkoffer*	*(hat 4 Ecken)*
5	=	*Hand*	*(5 Finger)*
6	=	*Elefant*	*(wegen des eingerollten Rüssels, der wie eine 6 aussieht)*
7	=	*Flagge*	*(sieht aus wie eine 7)*
8	=	*Eieruhr*	*(sieht aus wie eine 8)*
9	=	*Golfschläger*	*(mit dem Schlägerblatt nach oben gehalten sieht er aus wie eine 9)*

Denken Sie nun an eine Zahl. Stellen Sie sich zu dieser Zahl nun jenen Gegenstand vor, der ihr in obiger Aufstellung zugeordnet ist. Denken Sie also z. B. an eine 2, so stellen Sie sich dabei einen Kleiderbügel vor. Denken Sie an eine 6, stellen Sie sich einen Elefanten vor. Diese Übung machen Sie sowohl mit der Null als auch mit den Ziffern von 1 bis 9.
Nun wollen wir ein Experiment durchführen: Versuchen Sie, sich einen vierstelligen Zahlencode, z. B. den Ihrer Bankomat-Karte, mittels einer bildhaften Vorstellung zu merken.
Nehmen wir an, Ihre Bankomat-Karten-Geheimnummer ist

2357. Daraus könnten Sie z. B. folgende Geschichte machen. Ein Kleiderbügel (2) hängt auf einem Kinderdreirad (3), und eine Hand (5) hält die österreichische Flagge (7).
Die Zahlenkombination haben Sie sich jetzt garantiert in der richtigen Reihenfolge gemerkt.

Wenn Sie daran interessiert sind, Ihr Gedächtnis zu verbessern, schicken wir Ihnen gerne Informationen zu unserem Seminar „Train your brain".

38. Was macht Erfolgreiche so erfolgreich?

Fasziniert und voller Bewunderung verfolgen wir die Karriere von Menschen, die es geschafft haben, bis an die Spitze zu kommen. Erfolgreiche Menschen gibt es in allen Lebensbereichen. Eine Mutter Theresa war erfolgreich bei der Linderung der Armut in Indien. Hermann Maier ist ein erfolgreicher Ski-Rennläufer. Michael Schumacher ist wohl der beste Formel I-Pilot der Welt. Ferdinand Piech ist einer der erfolgreichsten Manager der Autoindustrie. Klaus-Jürgen Wussow ist einer der erfolgreichsten Schauspieler des deutschen Sprachraums, und Frank Stronach hat es geschafft, Milliardär zu werden.

Sie selbst, liebe Leserin und lieber Leser, können diese Liste vermutlich beinahe endlos weiterführen. Jeder von uns kennt Menschen, die erfolgreich sind, und manchmal fragen wir uns, ob diesen Menschen der Erfolg in die Wiege gelegt wurde. Selbstverständlich werden Sie sagen, ist das Leben wesentlich einfacher zu meistern, wenn man in eine goldene Wiege hineingeboren wird. Sie haben recht, wenn Sie das sagen, doch es gibt viele Beispiele in der Geschichte und in der Gegenwart, die beweisen, daß eine goldene Wiege noch lange nicht garantiert, daß man das Leben erfolgreich meistert. Und es gibt noch viel mehr Beispiele, die beweisen, daß das Vorrecht der Geburt kein Schlüssel zum Erfolg sein muß. Überlegen Sie einmal, wieviele Menschen aus dem Nichts heraus zu großen Erfolgen gekommen sind. Doch die Frage, wer erfolgreich ist und wer nicht, braucht uns nicht zu beschäftigen. Wir wollen den Faktoren auf die Spur kommen, die den Erfolgreichen so erfolgreich machen. Auf den nächsten Seiten finden Sie jene Grundvoraussetzungen, die man erfüllen muß, wenn man auf der Leiter des Erfolges die oberste Stufe erreichen möchte.

1. Visionen, Ziele

Mehr als 90 Prozent aller Erwachsenen beneiden andere um ihre Erfolge, sie bemitleiden sich selbst und verurteilen ihre

Umwelt. Alle anderen und die ungünstigen Umstände sind Schuld daran, daß sie sich selbst gerade einmal im Mittelfeld bewegen.
Wir müssen uns darüber im klaren sein, daß nicht die Umstände oder andere Menschen, sondern einzig allein wir selbst für unser Leben verantwortlich sind.
Wenn Sie unglücklich sind, so können nur Sie selbst etwas daran ändern. Wenn Sie keinen Erfolg im Leben haben, sind **Sie** die einzige Person, die etwas daran ändern kann.

REZEPT

In diesem Buch finden Sie, wie auch in meinem Buch „So werden Sie zum Sieger!" (Signum Verlag, 3. Aufl. 1999) genaue Anleitungen dafür, wie Sie zuerst einmal zu Zielen kommen: Zuallererst müssen Sie wissen, was Sie wollen. Es lohnt sich nicht, für etwas zu kämpfen, von dem man nicht weiß, was es ist. Wenn Sie sich auf die Straße der Sieger begeben wollen, verschaffen Sie sich zuallererst Klarheit über Ihre Zielsetzungen. Und das machen Sie bitte JETZT. *(siehe Seite 111 ff.)*

2. Das leidenschaftliche Begehren

Zuerst einmal möchte ich Ihnen gratulieren, daß Sie Ihre *Ziele und Visionen* definiert haben. Sie gehören jetzt zu jenen drei bis fünf Prozent der erwachsenen Menschen der westlichen Welt, welche sich Klarheit über ihre Ziele verschafft und diese darüber hinaus auch noch schriftlich festgelegt haben. Glauben Sie mir, Sie sind Ihren Zielen allein mit dieser Übung einen Riesenschritt näher gekommen. Jetzt überlegen Sie einmal, ob Sie Ihre wichtigsten Ziele auch wirklich mit aller Leidenschaft, die Ihnen zur Verfügung steht, begehren. Nur wenn Sie Ihre Ziele leidenschaftlich begehren, haben Sie eine Chance, sie auch zu erreichen. Ohne Leidenschaft werden Sie die Rückschläge, die unweigerlich eintreten werden, nicht verkraften.
Testen Sie sich selbst. Sind Sie bereit, Entbehrungen auf sich zu nehmen? Sind Sie bereit, Rückschläge und Niederlagen als das anzusehen, was Sie sind? Nämlich *neue Herausforderungen auf dem Weg zum Sieg.*

ÜBUNG

Für die folgende Übung brauchen Sie einen Partner. Stellen Sie sich in einer Entfernung von ca. drei bis fünf Metern von Ihrem Partner auf. Nun gehen Sie ganz locker auf ihn zu – und gehen Sie rechts an ihm vorbei. Ihr Partner hat die Aufgabe, in jenem Augenblick, in dem Sie auf gleicher Höhe mit Ihm sind, blitzartig seinen Arm zu heben, so daß dieser für Sie eine Barriere darstellt, die Sie am Vorbeigehen hindert. Sie werden die Erfahrung machen, daß Sie in dem Moment, in dem der Arm vor Ihren Augen hochschnellt, unwillkürlich stehenbleiben.
Nun machen Sie die gleiche Übung noch einmal. Bevor Sie losgehen, stellen Sie sich vor, daß Sie sich auf dem Weg zu einem Ziel befinden, das ca. 1.000 bis 2.000 Kilometer von Ihnen entfernt ist. Heben Sie den Kopf, fixieren Sie sich geistig auf dieses weit entfernte Ziel, und gehen Sie los. Sie gehen wieder auf Ihren Partner zu und werden die interessante Erfahrung machen, daß Sie durch den plötzlich hochgestreckten Arm einfach hindurchgehen.

Der erste Teil der Übung soll Ihnen zeigen, daß Sie sich sehr leicht davon abbringen lassen, ein Ziel zu erreichen, das Sie nicht mit all Ihrer Leidenschaft begehren. Hingegen bedeutet im zweiten Teil der Übung der hochgestreckte Arm ein kleines, unbedeutendes Hindernis, welches Sie nicht davon abhalten kann, Ihren Weg zum Ziel weiterzugehen.
Ihre Leidenschaft ist ein weiterer wichtiger Schlüssel für Ihren persönlichen Erfolg.

3. Ich muß an mich selbst glauben

Sie haben sich ein Ziel gesetzt. Ihr erster Gedanke ist: „Ich werde das sicher nicht erreichen, das funktioniert sicher nicht."
Sie haben recht. Wenn Sie Gedanken wie diese zulassen, werden Sie das, was Sie anstreben, nicht erreichen. Sie werden weder den Mann oder die Frau den/die Sie erobern wollen, erobern, noch werden Sie irgend ein anderes Ziel in einem anderen Lebensbereich mit dieser inneren Einstellung erreichen.
Verbannen Sie negative Gedanken. Gehen Sie immer davon aus, daß *Sie Ihr Ziel erreichen!*
Was immer auch passiert – Sie erreichen, was Sie sich vorgenommen haben! Sie erreichen es, weil Sie die/der BESTE,

die/der absolut BESTE sind. Zweifeln Sie nicht weiter an sich und Ihren Fähigkeiten. Sie schaffen alles, was Sie sich vorgenommen haben, und Sie wissen, daß Sie es schaffen werden.

ÜBUNG

Hören Sie für ein paar Minuten auf zu lesen, lehnen Sie sich gemütlich zurück, und schließen Sie Ihre Augen. Denken Sie an das, was Sie im Leben erreichen wollen. Stellen Sie sich ganz genau vor, wie es sein wird, wenn Sie am Ziel sind. Erleben Sie das erhebende Siegergefühl. Bleiben Sie eine Weile so sitzen, und genießen Sie den Augenblick.

Es kann natürlich sein, daß Sie trotz genauer Zielsetzung und Ihrer Leidenschaft immer wieder von Selbstzweifeln geplagt werden. Vor allem dann, wenn alles nicht gerade so läuft, wie Sie sich das vorstellen.

Viele Menschen neigen dazu, total niedergeschlagen ans Aufgeben zu denken, wenn sie auf dem Weg zum Ziel einen Mißerfolg oder Rückschlag erleiden. Genau das werden Sie nicht tun. Sie werden immer dann, wenn Sie daran gehindert werden, Ihren Weg zum Ziel zu gehen, anstatt zu resignieren nach neuen Möglichkeiten und Wegen suchen. Sie denken gar nicht daran aufzugeben. Sie haben wie bei der Partnerübung nur Ihr Ziel im Auge, und ***nichts kann Sie davon abhalten, dieses Ziel zu erreichen****. Denken Sie daran, wieviele Menschen mit noch viel größeren Schwierigkeiten zu kämpfen hatten als Sie im Augenblick, und trotzdem haben Sie es geschafft.*

Hanno Loidl zum Beispiel hat es trotz seiner Querschnittlähmung geschafft, eine Fertigteilhausfirma zu gründen, und zählt heute zu den bedeutendsten Herstellern von Fertigteilhäusern im deutschsprachigen Raum.

Thomas Muster erlitt als Weltranglisten-Sechster bei einem Autounfall in Key Biscaine/USA so schwere Verletzungen, daß niemand mehr an eine Fortsetzung seiner Karriere im Tenniszirkus glaubte. Einige Jahre später war er trotz seiner schweren Verletzung die Nummer 1 im Welttennis!

危機

Wie immer auch Ihr Rückschlag aussehen mag, denken Sie an das chinesische Schriftzeichen für Krise ***WEI - JI****. Dieses Schriftzeichen besteht aus zwei Teilen. Der erste*

*Teil **WEI** bedeutet Gefahr im Verzug, Schwierigkeiten und Probleme. Der zweite Teil **JI** bedeutet Chance für Veränderungen.*
Denken Sie positiv, geben Sie nicht auf. Sie lassen sich nicht unterkriegen, Sie sind die/der BESTE. Sie schaffen es!

REZEPT 1

Für den Fall, daß Sie den Eindruck haben, Sie könnten etwas mehr Selbstwertgefühl brauchen, hier noch einige Hinweise:
Entwickeln Sie Monats-Programme zur Stärkung Ihres Selbstwertgefühls, und beginnen Sie gleich damit. Mit gleich meine ich **jetzt sofort**!
Wenn Sie beispielsweise dazu neigen, ständig den Blick zu senken oder zur Seite zu sehen, wenn Sie mit anderen Menschen sprechen oder diese nur grüßen und dann wegschauen, dann nehmen Sie sich für den ersten Monat vor, den Blickkontakt zu halten. Jedesmal, wenn Sie versucht sind, den Blickkontakt zu unterbrechen, den Blick zu senken oder zur Seite zu sehen, erinnern Sie sich an das, was Sie sich vorgenommen haben: den **Blickkontakt** halten.
Damit Ihnen das leichter fällt, schlage ich Ihnen ein „Blicktraining" vor:
Betrachten Sie die unten aufgezeichnete Zielscheibe in den nächsten zwei Wochen täglich zwei bis drei Mal.

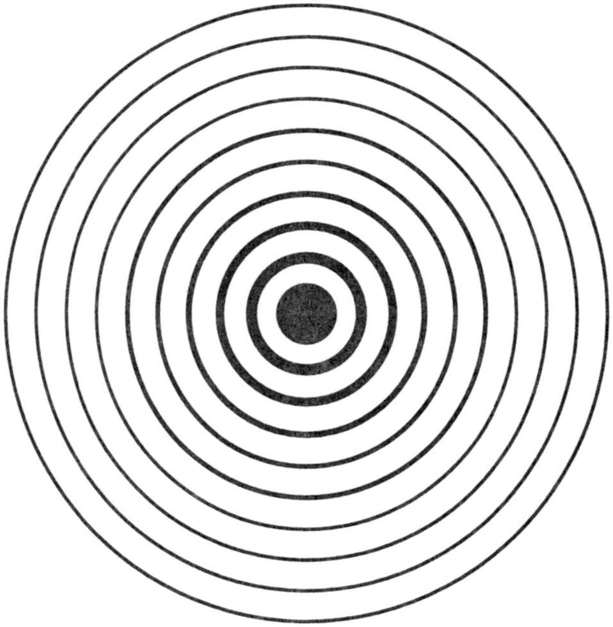

Dabei wählen Sie folgende Vorgangsweise: Blicken Sie eine Minute nach Möglichkeit ohne zu blinzeln ununterbrochen auf die Scheibe. Wenn Ihre Augen zu tränen beginnen, dürfen Sie natürlich blinzeln. Nach ganz kurzer Zeit schon werden Sie feststellen, daß es Ihnen mit einem Mal viel leichter fällt, den Blickkontakt aufrecht zu erhalten.

REZEPT 2

Für das nächste Monat, oder parallel dazu, nehmen Sie sich vor, anderen Menschen nette Dinge zu sagen. Selbst wenn es sich dabei um sogenannte Banalitäten handelt, wie zum Beispiel „Hast du heute eine tolle Frisur" oder „Deine Krawatte gefällt mir heute ganz besonders gut" usw. Versuchen Sie möglichst viele Kleinigkeiten bei Ihren Mitmenschen zu bemerken. Sprechen Sie sie auch darauf an. Sie werden die interessante Feststellung machen, daß die Menschen sich freuen, wenn irgend jemand gerade diese Kleinigkeiten bemerkt. Die Freude des anderen bedeutet aber auch Streicheleinheiten für Ihr Selbstwertgefühl!

REZEPT 3

Verbannen Sie das Wort Problem aus Ihrem Wortschatz. Das ist ein weiteres Monatsprogramm, welches Sie sich vornehmen sollten. Jedesmal, wenn Sie denken, ein Problem zu haben oder das Wort Problem aussprechen, zahlen Sie in eine Sparbüchse den Gegenwert eines Euro (ca. zwei DM bzw. 14 öS). Anstatt in Problemen zu denken, sollten Sie lernen, in Herausforderungen oder zumindest in interessanten Situationen, welche gelöst werden sollen, zu denken.

REZEPT 4

Machen Sie Dinge, die Ihnen Freude bereiten, ohne, daß Sie dabei in Leistungsdruck kommen. Wenn Sie also zum Beispiel joggen, dann nicht auf Zeit, sondern laufen Sie einfach aus Freude am Laufen. Wenn Sie sich wieder, oder auch zum ersten Mal, mit einem Musikinstrument beschäftigen, dann nicht mit dem Hintergedanken, daß Sie „was drauf" haben, wenn Sie Gäste haben oder eingeladen sind. Machen Sie Musik einfach nur, um sich selbst daran zu erfreuen.

Sie müssen aber nicht unbedingt aktiv musizieren. Hören Sie Musik, die Ihnen Freude macht. Wenn notwendig, hören Sie sie mit Kopfhörern. Wenn Sie gerne wieder einmal einen Spaziergang unternehmen möchten, dann machen Sie ihn. Sie müssen dabei kein Ziel haben, gehen Sie einfach drauf *los, und erfreuen Sie sich an den Eindrücken, die Sie dabei gewinnen, oder hängen Sie einfach Ihren Gedanken nach. Träumen Sie.*

REZEPT 5

So unglaublich es für Sie auch klingen mag, auch regelmäßiges Entspannungstraining erhöht Ihr Selbstwertgefühl.

REZEPT 6

Wenn Sie einen Partner oder eine Partnerin haben, spenden Sie mehr Zärtlichkeit. Aber nicht, weil Sie damit ein bestimmtes Ziel erreichen wollen, sondern einfach nur aus Zärtlichkeit oder um der Zärtlichkeit willen.

4. Ohne Ehrgeiz geht gar nichts!

Sie haben jetzt schon einige wichtige Voraussetzungen für Ihren Erfolg geschaffen. Sie kennen Ihre Ziele und begehren diese auch leidenschaftlich. Sie haben keinen Zweifel an Ihren Eigenschaften und Fähigkeiten, Sie glauben an sich.

REZEPT

Nun müssen Sie sich nur voll für Ihre Ziele einsetzen. Voll einsetzen bedeutet, daß Sie nichts unversucht lassen, Ihrem Ziel näherzukommen. Das bedeutet aber auch, daß Sie wie ein Stehaufmännchen nach jedem Rückschlag, den Sie erleiden, wieder voll da sind und Ihren ganzen Ehrgeiz und Ihre ganze Kraft für Ihren Erfolg einsetzen. Damit haben Sie eine weitere Grundlage für Ihren persönlichen Lebenserfolg geschaffen.

5. Think positive!

Positives Denken ist ein Schlagwort unserer Zeit geworden. Überall und bei jeder Gelegenheit hören und lesen wir: „Du mußt positiv denken“.
Der französische Journalist Jean-Dominique Bauby war nach einem schweren Verkehrsunfall gelähmt. Das einzige, was er bewegen konnte, waren seine Augenlider. „Eine schreckliche Lebenssituation“, werden Sie sagen. Und Sie haben recht.
Jean-Dominique Bauby hat aus seiner Bewegungslosigkeit heraus einer Kollegin nur mit dem Zwinkern seiner Augen ein Buch diktiert! Daß dieses Buch ein Bestseller wurde, ist eigentlich nebensächlich. Wichtig daran ist nur, daß hier

ein Mensch war, der aus einer völlig ausweglosen Situation heraus so überaus positive Gedanken entwickelt hat.
Meine Mutter mußte sich im Laufe Ihres jahrelangen Krebsleidens etwa 20 operativen Eingriffen unterziehen. Die Schmerzen und Ängste, die solche Menschen durchmachen, können wir gar nicht ermessen. Trotz ihrer schweren Erkrankung hat sie mir durch ihren Mut und ihr positives Denken sehr geholfen. Aber sie hat nicht nur mir, sondern vielen krebskranken Menschen wieder zu positiven Gedanken verholfen.

REZEPT

Vermutlich kennen Sie liebe Leserin, lieber Leser, ebenfalls einige Beispiele für positives Denken. Verzweifeln Sie nicht, wenn einmal etwas nicht so läuft, wie es laufen sollte. Denken Sie an das chinesische Schriftzeichen für Krise: ***WEI JI****. In jeder Krise steckt die Chance für die positive Veränderung.* ***Think positive*** *– und Ihr Leben wird sich verändern.*

6. Einer der Hauptgründe, warum Menschen ihre Ziele nicht erreichen

ist, daß sie einfach nicht die nötige Ausdauer besitzen. Viele geben auf, weil ihnen der Weg zum Ziel zu lange dauert und zu beschwerlich erscheint. Ihr Ehrgeiz, zusammen mit den schon besprochenen Eigenschaften, wird es Ihnen leicht machen, die notwendige Ausdauer zu haben. Ihre Ausdauer ist eine entscheidende Eigenschaft, wenn Sie Ihrem Traum näherkommen wollen.

7. Handeln – nicht reden!

Wie oft in Ihrem Leben haben Sie schon gesagt: „Das werde ich machen!“? Ob es sich um eine Diät handelte, um einen Sprachkurs oder ob Sie sich das Rauchen abgewöhnen wollten. Ob Sie sich beruflich weiterbilden, etwas für Arme und Obdachlose aktiv tun wollten, oder ob Sie sich vorgenommen haben, täglich 30 Minuten auf Ihrem Heimtrainer zu trainieren.
Wie oft ist es beim Reden geblieben? Manchmal fragen Sie sich vielleicht, wie es wohl gewesen wäre, wenn ... Sie werden es nie erfahren.

Menschen, die wenig Erfolg im Leben haben, setzen sich auch Ziele, keine Frage. Sie zögern jedoch so lange mit der Umsetzung in die Tat, bis es entweder zu spät ist oder sie so viele Haare in der Suppe gefunden haben, daß sie glücklich darüber sind, ihren Entschluß nicht in die Tat umsetzen zu müssen.

REZEPT

Wer nicht wagt, gewinnt nicht! *Wenn Sie bisher gezögert haben, Ihre Ziele zu realisieren, dann handeln Sie jetzt!*

8. Haben Sie Phantasie?

Egal, ob Ihre Antwort Ja oder Nein heißt: Probieren Sie folgendes:

REZEPT

Erfinden Sie ein Märchen. Sie können dieses Märchen aufschreiben oder aber auch zum Beispiel Ihrem Kind erzählen. Wenn Sie alleine sind, lassen Sie einfach Ihren Gedanken freien Lauf – erfinden Sie dieses Märchen nur für sich selbst.
Aber Achtung: Gedankendisziplin! Das bedeutet: Bleiben Sie mit Ihren Gedanken bei Ihrer Aufgabe. Schweifen Sie nicht ab, sondern arbeiten Sie an Ihrem Märchen.
Unsere Phantasie kurbelt unsere Denkkraft an, sie gibt uns auch die Kraft, am Ball zu bleiben.
Sie meinen, Sie haben keine Phantasie? Ich kann das verstehen. Die meisten Menschen beherrschen es perfekt, Ängste und Negatives in Ihrer Phantasie zu erleben. Dabei ist es viel aufregender, das Positive in seiner Vorstellung zu erleben. Geben Sie Ihrer Phantasie eine Chance, und unternehmen Sie mindestens einmal täglich eine Phantasiereise ins Ziel.

REZEPT

9. Haben Sie Streß?

In meinem Buch „So werden Sie zum Sieger!“ (Signum Verlag, 3. Aufl. 1999) habe ich dem Thema Streß viel Zeit gewidmet. Unbewältigter Dauerstreß ist ein gefährlicher Stolperstein für Ihre Gesundheit und hindert Sie daran, Ihre Ziele und Visionen zu erreichen. Aus diesem Grund ist es ganz besonders wichtig, daß Sie sich mit Entspannungstechniken beschäftigen. Regelmäßiges Entspannungstraining baut nicht nur Streß ab, es erhöht auch das Selbstwertgefühl (den Glauben

an sich selbst). Darüber hinaus erhöhen Sie auch noch Ihre Frustrationstoleranzgrenze ganz entscheidend.
Aber: Entspannungstraining ist nur wirksam, wenn man es regelmäßig macht! Regelmäßig bedeutet jeden Tag 20 Minuten über einen Zeitraum von mindestens zwei Monaten. Danach können Sie Ihr Entspannungstraining auf drei Mal pro Woche reduzieren.
Ob Sie sich mit Selbsthypnose, autogenem Training, Meditation, Biofeedback-Training oder der progressiven Muskelentspannung nach Jacobson (meine CD dazu heißt: „Körper und Geist harmonisieren") beschäftigen, wichtig ist bei all diesen Methoden und Techniken die Regelmäßigkeit.

10. Verzettelung

Kennen Sie jemanden, der laufend neue Projekte startet, aber keines zu Ende führt? Ich kenne einige Personen, die voll Begeisterung eine Sache beginnen, aber weder die nötige Ausdauer noch den Ehrgeiz aufbringen, diese Sache auch zu Ende zu führen. Im Laufe der Zeit haben diese Menschen es auf eine Vielzahl von begonnenen und nicht abgeschlossenen Projekten gebracht. Das einzige Ergebnis, das sie erzielt haben, ist, daß sie von niemandem mehr ernstgenommen werden.

REZEPT

Ihnen kann das nicht passieren! Sie kennen Ihre Ziele, Sie sind ehrgeizig, Sie sind ausdauernd, Sie sind leidenschaftlich! Sie setzen Ihre Phantasie ein und sind entschlußfreudig. Alle diese Attribute lassen es nicht zu, daß Sie sich verzetteln.

11. „Planung ist das halbe Leben"

Dies gilt auch für die Erreichung unserer Ziele. Kein Erfolg ohne Planung. Das bedeutet: Sie müssen sich jeden Schritt, den Sie in Richtung Ziel gehen, vorher genau überlegen. Machen Sie einen schriftlichen Plan – er kann gar nicht detailliert genug sein –, und nach ganz kurzer Zeit schon werden Sie sich gar nicht mehr vorstellen können, wie Sie jemals ohne Ihre persönliche Erfolgsplanung ausgekommen sind.

REZEPT

12. Zu guter Letzt: Denken Sie daran, daß es praktisch unmöglich ist, Ziele ohne die Hilfe anderer Menschen zu erreichen

Sie müssen Beziehungsnetzwerke aufbauen, damit Sie die Garantie haben, immer dann, wenn Sie Hilfe brauchen, diese auch zu bekommen. Aber denken Sie bitte daran: Beziehungsnetzwerke müssen Sie pflegen! Sie müssen mit all den Menschen, die in Ihrem Beziehungsnetzwerk verankert sind, mehr oder weniger regelmäßig Kontakt halten.
Wenn Sie einen Partner oder eine Partnerin haben, dann wissen Sie, wie hilfreich es ist, wenn es eine Person gibt, die unerschütterlich an Sie und Ihre Fähigkeiten glaubt. Ein solcher Glaube beflügelt uns zu wahren Spitzenleistungen.
Bitte bedenken Sie: Das Leben besteht nicht nur aus Nehmen, es besteht vor allem aus Geben. Nutzen Sie Ihr Netzwerk nicht schamlos aus, ohne etwas dafür zu geben. Das gleiche gilt auch für Ihre Lebenspartnerschaft: Auch hier müssen Sie geben, um etwas zu bekommen.

Ab sofort steht Ihrem persönlichen Erfolg nichts mehr im Weg. Beachten Sie diese zwölf Punkte, und Ihr Erfolg ist garantiert!

39.

So kommen Sie leichter über eine unglückliche Beziehung *hinweg*

Viele Menschen kommen relativ lange nicht über eine unglückliche Beziehung hinweg.
Katrin hat vor zwei Jahren eine sehr unglückliche Beziehung beendet. Sie hat während dieser Beziehung sehr viel durchgemacht. Trotz allem konnte sie sich während der darauffolgenden zwei Jahre emotional nicht von ihrem ehemaligen Partner lösen. Sie war auch unfähig, eine neue Beziehung einzugehen. Sie war unglücklich mit ihrer Situation, der sie scheinbar ohnmächtig gegenüberstand. Sie zerfloß vor Selbstmitleid, versuchte zu vergessen, stürzte sich in neue partnerschaftliche Abenteuer, die jedoch bereits zu Ende waren, bevor sie so richtig begonnen hatten.
Katrin fragte mich bei einem Seminar, ob ich ihr bei der Lösung ihrer Beziehungsprobleme helfen könne. Ich habe Katrin eine Technik empfohlen, welche *Der Brief* genannt wird.

REZEPT

Der Brief

Wenn es Ihnen ähnlich geht wie Katrin und Sie über eine gescheiterte Beziehung nicht hinwegkommen, dann setzen Sie sich hin, und schreiben Sie einen Brief an Ihren ehemaligen Partner bzw. Ihre Partnerin. Den Umfang des Briefes bestimmen ganz alleine Sie. Es ist völlig egal, ob dieser Brief kurz ist oder ob er zehn Seiten umfaßt. Die Wirkung ist immer dieselbe. Sie fühlen sich nachher befreit, und Sie sind endlich wieder bereit, mit dem Rest Ihres emotionalen Lebens weiterzumachen. Und zwar positiv!
Zuerst schreiben Sie, daß Sie die völlige Verantwortung für Ihre Beziehung übernehmen. Sie haben sich da hineingebracht und haben keine Entschuldigung. Schreiben Sie auf keinen Fall, daß Sie sich unschuldig fühlen, daß Sie verletzt sind. Das sind Dinge, die Sie vielleicht in der Vergangenheit getan haben.
Danach sagen Sie Ihrem ehemaligen Partner, daß Sie ihm verzeihen. Sie verzeihen ihm all das, was er Ihnen jemals angetan hat und womit er Ihnen weh tat. Schreiben Sie detailliert auf, was genau Sie der anderen Person verzeihen.

Bringen Sie so viele Fakten wie möglich, schreiben Sie alles auf, was Ihnen einfällt.
Wenn Sie damit fertig sind, schreiben Sie nochmals: „Ich verzeihe Dir." Als Schlußsatz schreiben Sie: „Ich wünsche Dir für die Zukunft alles Gute." Dann unterschreiben Sie den Brief, falten ihn zusammen und stecken ihn in ein Kuvert. Adressieren Sie dieses, und frankieren Sie es ausreichend. Danach gehen Sie ***sofort*** *zum nächsten Briefkasten und werfen den Brief ein.*

Katrin hat mir berichtet, daß sie einige Sekunden zögerte, den Brief in den Briefkasten zu werfen. Nachdem sie ihn jedoch losgelassen hatte, verspürte sie ein nicht zu beschreibendes Gefühl von Freiheit. Sie fühlte, daß in diesem Moment die Beziehung endgültig vorbei war.
Einen Monat später lernte sie einen Mann kennen und lebt seither in einer sehr glücklichen Beziehung mit ihm.
Sind Sie in einer ähnlichen Situation wie Katrin? Versuchen Sie es: Setzen Sie sich hin, und schreiben Sie den Brief.
JETZT!

Lerne loszulassen,

und du

wirst glücklicher

leben.

PETER F. KINAUER

40.

So bauen Sie emotionalen Streß *rasch ab*

Die nachfolgende Übung können Sie für jede Art von Sorgen und Belastungen anwenden. Sie können Sie einsetzen, wenn Sie ein Problem haben oder nach langen Sitzungen und Besprechungen einfach nicht mehr klar denken können. Innerhalb weniger Minuten haben Sie den Kopf wieder frei, und die Anspannungen lösen sich auf.

ÜBUNG

Sorgen Sie dafür, daß Sie für etwa zehn Minuten ungestört sind. Setzen oder legen Sie sich hin, und machen Sie sich's so bequem wie möglich. Schließen Sie Ihre Augen, und berühren Sie mit den Spitzen von Daumen und Mittelfinger einer Hand ganz leicht die beiden Stirnhöcker. Die beiden Stirnhöcker sind die kleinen Erhebungen zwischen Augenbrauen und Haaransatz auf der rechten und linken Seite Ihres Gesichts. Lassen Sie Ihre Fingerspitzen ganz leicht auf den Stirnhöckern ruhen. Denken Sie an das Thema, das Sie belastet. Lassen Sie Ihren inneren Film in verschiedenen Varianten ablaufen, und lassen Sie Ihre Gefühle dabei kommen und gehen, ohne daß Sie sich selbst dabei behindern.

Wenn Sie unter den beiden Fingerkuppen ein gleichmäßiges Pulsieren spüren und sich nicht mehr auf das Problem konzentrieren können, hören Sie auf.

Öffnen Sie die Augen, und nehmen Sie wahr, wie Sie sich jetzt fühlen und was sich für Sie verändert hat.

Diesen Vorgang können Sie jederzeit und so oft wiederholen, bis Sie ohne jedes negative Gefühl daran denken können bzw. bis neue kreative Ideen und Lösungsmöglichkeiten aufgetaucht sind.

41.
So bringen Sie Ihr Gehirn *wieder in Schwung*

Sie sind müde und abgespannt, Sie können sich nicht mehr konzentrieren. Am liebsten würden Sie die Augen schließen und alles um sich herum vergessen. Das geht aber leider nicht, denn Sie müssen noch eine Stunde Auto fahren, haben noch eine Besprechung, oder aber Sie müssen noch für eine Prüfung oder eine schriftliche Arbeit lernen. Sie haben das Gefühl, jeden Augenblick umzukippen.
Wenn es Ihnen so geht, machen Sie einfach folgendes:

REZEPT

Zeichnen Sie auf ein Blatt Papier eine kleine, liegende Acht, und fahren Sie diese liegende Acht mit beiden Augen mehrmals ab. Innerhalb weniger Sekunden werden Sie feststellen, daß Ihre momentane Müdigkeit wie weggeblasen ist.

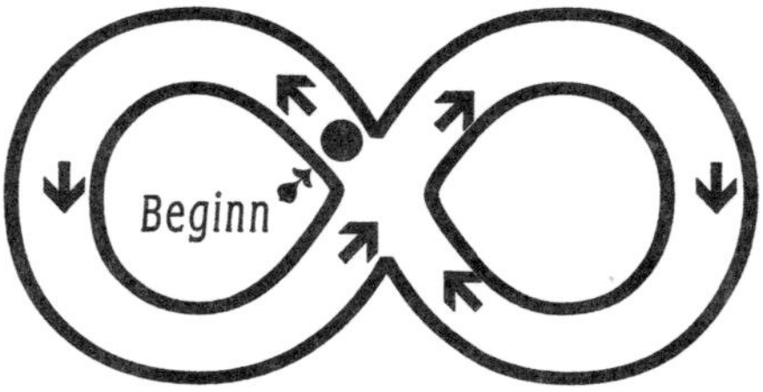

Sie können aber auch mit Ihrem Finger eine liegende Acht auf Ihren Oberschenkel zeichnen, ohne daß jemand davon etwas bemerkt. Zeichnen Sie diese liegende Acht etwa zehn bis 15 Mal mit Ihrem Zeigefinger auf Ihren Oberschenkel. Sie erzielen damit den gleichen Effekt wie mit der Augenübung.

42.

Wenn Sie wollen, daß Ihnen etwas **Wunderbares** *geschieht*

Ich möchte Ihnen jetzt eine sehr einfache Übung vorstellen, die Sie am besten sofort machen sollten.

ÜBUNG

Sagen Sie zu sich: „Ich weiß, daß mir heute etwas Wunderbares passieren wird." Wiederholen Sie das in Gedanken immer wieder und immer wieder. Gehen Sie einfach den ganzen Tag in dem Glauben durch die Welt, daß Ihnen etwas Wunderbares zustoßen wird.
Stellen Sie sich vor, um wieviel positiver, optimistischer und besser gelaunt Sie wären, wenn Sie davon überzeugt sein könnten, daß sich alles in Ihrem Leben zum Besten gewendet hat.
Machen Sie diese Übung an fünf aufeinanderfolgenden Tagen (immer wieder während des ganzen Tages), und Sie werden überrascht sein, wieviele positive Dinge sich in diesen fünf Tagen ereignen.
Hören Sie bitte nach fünf Tagen nicht damit auf. Die Übung „Ich weiß, daß mir heute etwas Wunderbares passieren wird" sollte fixer Bestandteil Ihres weiteren Lebens sein.

Was du in deiner

Vorstellung

erlebst,

hat die Chance,

Wirklichkeit zu werden.

PETER F. KINAUER

43.
Der heiße Stuhl

Problemlösung einmal anders. Wenn Sie das nächste Mal vor einer schwierigen Situation (einem Problem) stehen, versuchen Sie diese mit der Übung *Heißer Stuhl* zu lösen.

ÜBUNG

Heißer Stuhl

Das einzige, was Sie für diese Übung benötigen, sind drei Stühle und ein gutes Vorstellungsvermögen.
Stellen Sie die Stühle in Dreiecksform so auf, daß sie einander zugewandt sind. Setzen Sie sich auf einen der Stühle, und schildern Sie dem gegenüberstehenden Stuhl Ihre Situation in allen Einzelheiten. Stellen Sie sich dabei vor, daß auf diesem Stuhl jemand sitzt, der Ihnen zuhört.
Wenn Sie fertig sind, stehen Sie auf. Setzen Sie sich auf den Stuhl des unsichtbaren Zuhörers. Sie übernehmen jetzt seine Rolle: Vor Ihrem geistigen Auge sitzen Sie dieses Mal als Zuhörer auf dem Stuhl und hören sich die Schilderung des Problems an.
Sie werden die Erfahrung machen, daß Sie mit einem Mal Ihr Problem nicht mehr als Ihr Problem betrachten. Sie sind vielmehr auf Distanz zu sich selbst gegangen und reagieren nur auf das, was Ihnen erzählt wird. Sie werden feststellen, daß Sie Ihre schwierige Situation bereits mit etwas anderen Augen betrachten.
Wechseln Sie nun auf den dritten Stuhl. Dort saß schon die ganze Zeit ein imaginärer Berater. Sie schlüpfen jetzt in seine Haut. Aus der Sicht des Beraters haben Sie gehört, wie das Problem geschildert wurde. Sie haben darüber hinaus die Reaktion des Zuhörers erfahren. In Ihrer Beraterrolle wird es Ihnen nunmehr viel leichter fallen, das Für und Wider abzuwägen. In vielen Fällen werden Sie nach dieser kurzen Übung bereits die ersten Lösungsansätze gefunden haben.

In unseren Seminaren führen wir eine etwas abgewandelte Form dieser Übung durch, wenn es z. B. um Konfliktgespräche mit einem Partner, einem Vorgesetzten oder einer beliebigen anderen Person geht – oder aber, wenn es darum geht, die eigene Argumentation z. B. vor einem Verkaufsgespräch auf ihre Qualität zu prüfen.

ÜBUNG

Stellen Sie die drei Stühle wieder im Dreieck zueinander gewandt auf, und setzen Sie sich auf einen dieser Stühle. Dann beginnen Sie mit Ihrer Argumentation.
In dem Augenblick, in dem Ihrer Meinung nach Ihr Gegenüber etwas zu sagen hat, wechseln Sie blitzartig auf den anderen Stuhl, schlüpfen in die Haut des Chefs, des Partners, der Partnerin, des Kunden usw. und argumentieren nunmehr aus dieser Sicht. Dann wechseln Sie wieder den Stuhl. Wieder auf Ihrem ursprünglichen Platz, argumentieren Sie weiter aus Ihrer Sicht.
Nach diesem Muster gehen Sie so lange vor, bis Sie dieses Gespräch mental zu Ende geführt haben. Danach setzen Sie sich auf den dritten Stuhl, schlüpfen in die Haut des unabhängigen Beraters und wägen in dieser Rolle die Argumente eines jeden Beteiligten gegeneinander ab.
In den allermeisten „Heißer-Stuhl"-Übungen gelingt es, Lösungsansätze zu finden und zum Beispiel ein Verkaufsgespräch so abzuändern, daß es erfolgreich wird.

44. *Ich kann mich so schwer von alten Dingen* **trennen**

Sicher kennen Sie das auch: Ein bis zwei Mal pro Jahr veranstalten Sie in Ihrem Haus oder Ihrer Wohnung ein Großreinemachen. Sie räumen alle Kästen und Schubladen aus und stellen fest, daß Sie eine ganze Reihe von Dingen eigentlich nicht mehr brauchen. Sie werfen all jene Dinge auf einen Haufen mitten im Zimmer.
Nachdem Sie alle Schränke durchgeräumt haben, stellen Sie fest, daß auf diesem Haufen Dinge liegen, die Sie bereits mehrere Jahre nicht verwendet haben. Sie stellen darüber hinaus zu Ihrer Überraschung fest, daß Sie eine ganze Reihe von Sachen gefunden haben, an die sie sich gar nicht mehr erinnern können. Also, weg damit! Sicherheitshalber kontrollieren Sie noch einmal Stück für Stück, damit Sie ja nichts, was Sie doch noch brauchen könnten, weggeben. Mit einem Mal stellen Sie fest, daß aus einem großen Haufen zwei kleinere Haufen geworden sind. Sie haben doch einige Gegenstände gefunden, von denen Sie sich nicht trennen wollen. Sie könnten sie doch noch irgendwann einmal benutzen wollen. Also zurück in die Schränke damit. Dort liegen Sie wieder ein Jahr ungebraucht, und die gleiche Prozedur beginnt dann wieder ...

Ich kann verstehen, daß Sie sich von manchen Dingen nur ungern trennen wollen, doch wenn Sie das nächste Mal wieder Ihre Schränke durchsehen, um festzustellen, was auf den Müll gehört und was da bleiben soll, probieren Sie doch einmal folgendes:

REZEPT

Nehmen Sie einen oder mehrere große Kartons. Deponieren Sie in diesem Behältnis all jene Dinge, die Sie Ihrer Meinung nach nicht mehr benötigen, aber trotzdem noch nicht endgültig wegwerfen wollen. Kleben Sie den Karton zu, und schreiben Sie auf den Deckel ein Inventarverzeichnis. Schreiben Sie alles auf, was in dem Karton ist. Nehmen Sie den Karton, und tragen Sie ihn in den Keller, auf den Dachboden oder in den Abstellraum.

Genau ein Jahr später, beim nächsten Großreinemachen, nehmen Sie sich diesen Karton wieder vor. Machen Sie ihn nicht auf! Lesen Sie nur die Inventarliste. Sie werden feststellen, daß Sie ein weiteres Jahr kein Stück von den Gegenständen, die im Karton sind, vermißt haben. Jetzt ist der Augenblick gekommen, wo Sie den zugeklebten Karton nehmen und in den Müll werfen. Sie werden die erfreuliche Feststellung machen, daß Sie durch diese Vorgangsweise innerhalb von zwei Jahren keinen unnötigen Ballast mehr im Hause haben.

45.
Wenn ich etwas zu sagen habe hören mir die anderen überhaupt nicht zu und sie **verstehen mich** *auch* **nicht**

An einem schönen Sommerabend sitzen meine Frau und ich mit Freunden im Garten eines kleinen Restaurants in Wien. Der Gastgarten ist bis auf den letzten Platz besetzt. Kein Wunder bei diesem Wetter. Ein Pärchen kommt in den Garten und hält Ausschau nach einem freien Tisch – an diesem Abend ein sinnloses Unterfangen. Irgendwie kommen mir die beiden bekannt vor. Plötzlich fällt mir ein, daß ich sie kenne. Die beiden haben irgend etwas mit EDV und Software zu tun, ich habe jedoch keine Ahnung, womit genau sie sich beschäftigen.
An unserem Tisch sind noch zwei Plätze frei. Ich stehe auf und frage die beiden, ob sie sich nicht zu uns setzen wollen. Das Gespräch geht eine Weile hin und her. Wir reden über belanglose Dinge, bis jemand aus der Runde die beiden fragt, was genau sie eigentlich beruflich machen. Sie antworten: „Wir entwickeln spezielle Software für Textilunternehmen." Einige von uns verdrehen die Augen. Offensichtlich haben sie bisher keine allzu guten Erfahrungen mit EDV-Leuten gemacht, die über ihren Beruf erzählen. Auch für mich sind die Themen EDV und Software meist ein Buch mit sieben Siegeln, aber ich hake aus Höflichkeit nach und frage, was für spezielle Software-Programme die beiden entwickeln. Mein Freund Erich wirft mir einen vernichtenden Blick zu, die anderen sind auch nicht gerade begeistert von der Idee, mehr darüber zu erfahren.
Walter, so heißt unser EDV-Spezialist, beginnt zu erzählen, welche Programme er und seine Partnerin zu welchem Zweck entwickeln. Walter erzählt drei Minuten, fünf Minuten, ... – wir können gar nicht genug kriegen. Nach 15 Minuten weiß jeder am Tisch ganz genau, welche speziellen Programme die beiden entwickeln. Aber das wichtigste: Wir alle haben Walter genau verstanden – und die meisten von uns haben Software zum ersten Mal so erklärt bekommen, daß wir uns tatsächlich ein Bild davon machen können, was die beiden nun wirklich produzieren. Wir sind alle ohne Ausnahme begeistert.

Sie werden sich jetzt sicher die Frage stellen, wie Walter es geschafft hat, seine spezielle Software so zu erklären, daß selbst blutige Laien verstanden haben, worum es dabei geht.
Leider gibt es viel zu wenig Menschen, die so gut erklären können wie Walter. Verkäufer erklären ihre Produkte und Dienstleistungen so, daß sich am Ende niemand mehr auskennt. Eltern erklären ihren Kindern Zusammenhänge, und am Ende wissen die Kinder noch weniger als vorher. Andere erklären ihren Beruf, doch niemand kann sich davon ein Bild machen, und am Ende hört auch keiner mehr zu. Wann immer ein solcher „Anti-Walter-Typ" am Wort ist, interessiert sich keiner mehr dafür, was er zu sagen hat. Man versteht ihn ohnehin nicht, und der „Anti-Walter-Typ" ist dann sauer auf seine uninteressierten Zuhörer.

Alles, wovon wir keine Vorstellung haben, können wir auch nur sehr schwer begreifen. Unser Vorstellungsvermögen ist in der rechten Gehirnhälfte etabliert. Erst wenn wir uns ein Bild von einer Sache gemacht haben, können wir sie auch leichter begreifen.

REZEPT

Wenn Sie das nächste Mal jemandem etwas erklären oder erzählen wollen, dann stellen Sie sich vor, daß Ihr Zuhörer ein aufgeweckter Zehnjähriger ist. Und Sie wollen, daß dieser Zehnjährige genau versteht, wovon Sie reden. Zwangsläufig werden Sie mit plastischen Beispielen arbeiten. Sie werden einfachere Worte verwenden, und Sie werden die Feststellung machen, daß es gar nicht so einfach ist, etwas so zu erklären, daß der andere es auch wirklich versteht.
Nur Mut, Übung macht den Meister, und nach ganz kurzer Zeit schon werden Sie feststellen, daß Sie ein beliebter Gesprächspartner geworden sind. Sie müssen auch nicht mehr darüber nachdenken, welche Beispiele Sie bringen, welche Bilder Sie malen, welchen Film Sie drehen für Ihre Zuhörer – das alles kommt ganz automatisch.
Wenn Sie Ihr Vorstellungsvermögen trainieren möchten und damit Ihre Fähigkeit verbessern wollen, Ihren Mitmenschen Dinge so zu erklären bzw. so zu erzählen, daß diese von Ihnen begeistert sind, empfehle ich Ihnen die THINK-Spiele von Ravensburger.

46.
Wenn ich mit meinem Partner gestritten habe, will keiner den ersten Schritt zur **Versöhnung** *tun*

Ernst und Brigitte führen eine sehr gute Ehe – und das seit vielen Jahren. Wie in jeder Partnerschaft gibt es auch in dieser selbstverständlich hin und wieder Meinungsverschiedenheiten, und manchmal – äußerst selten, aber immerhin – gibt es auch Streit. Jeder fühlt sich im Recht, keiner will nachgeben.
Viele Menschen gehen mit ihrem Ärger abends zu Bett und nehmen den Streit und den Ärger mit in den Schlaf. Wir alle wissen, wie schädlich es ist, mit negativen Gedanken einzuschlafen.

REZEPT

Brigitte und Ernst haben sich eine Methode zurechtgelegt, mit der sie verhindern, daß sie ihre Meinungsverschiedenheiten mit ins Bett nehmen: Die beiden haben im Wohnzimmer eine kleine Duftkerze stehen. Wann immer sie eine Meinungsverschiedenheit haben, spätestens aber, wenn sie zu Bett gehen, zündet einer von den beiden diese Kerze an. Das soll bedeuten: „Ich liebe dich, und es tut mir leid." Die beiden lächeln sich an, nehmen sich in die Arme, der Streit ist beigelegt, und eine erholsame Nachtruhe ist gewährleistet. Damit diese Methode auch funktioniert, müssen Sie die entsprechenden Voraussetzungen dafür schaffen. Das bedeutet: Sie müssen besprechen, welches Zeichen Sie setzen werden, für den Fall, daß eine Meinungsverschiedenheit beigelegt werden soll. Funktionieren kann diese Methode nur dann, wenn nicht immer nur ein Partner die Kerze anzündet.

Sie können aber auch eine andere Technik wählen, um Meinungsverschiedenheiten beizulegen: Wie wir alle wissen, drehen sich unsere Argumente und Gedanken bei einem Streit oder einer Meinungsverschiedenheit nach einer gewissen Zeit immer im Kreis. Es kommen immer dieselben Argumente, immer dieselben Einwände, mit dem Erfolg, daß wir immer mehr aufgebraucht sind. Wir haben Schwierigkeiten, einen klaren Gedanken zu fassen.

Versuchen Sie doch einmal jene Technik anzuwenden, die meine Frau und ich in solchen Situationen mit großem Erfolg einsetzen.

REZEPT

Nachdem wir etwas mehr als zehn Jahre zusammengelebt hatten, beschlossen wir die Beziehung zu legalisieren. Wir heirateten.
Die meisten Hochzeitsgäste waren nicht aus Wien, also mußten wir auch für entsprechende Transportmöglichkeiten vom Hotel zum Standesamt und zurück sorgen. Als wir nach einer Auslandsreise im Mietwagen saßen, bat ich den Chauffeur, in seiner Zentrale nachzufragen, ob an unserem Hochzeitstermin einige Mietwagen mit Chauffeur verfügbar wären. Der Chauffeur betrachtete uns beide im Rückspiegel und fragte: „Wer heiratet denn?" Meine Frau antwortete: „Wir wollen heiraten." Der Chauffeur betrachtete uns sehr aufmerksam im Rückspiegel, registrierte den Altersunterschied von 20 Jahren und sagte nach ca. 30 Sekunden: ***„Na bumm!"***
Wir mußten über den ungläubigen Tonfall seiner Stimme herzlich lachen. Seither ist „Na bumm!" ein geflügeltes Wort. Wenn es einmal nicht mehr weitergeht, wenn sich unsere Gedanken und Argumente im Kreis drehen, sagt einer von uns „Na bumm!" Unsere festgefahrenen Gedankenmuster werden dadurch unterbrochen, und im Regelfall finden wir kurz danach eine Lösung.

Ich kann Ihnen diese Methode des Unterbrechens von Gedankenmustern bestens empfehlen. Übrigens: Manche Verkäufer im Außendienst wenden diese Technik unbewußt an. Wenn es in einer Verkaufsverhandlung nicht mehr weitergeht, unterbrechen Sie manchmal die Gedanken des anderen, indem sie etwas ansprechen, das überhaupt nicht zum Thema gehört oder indem sie eine lustige Episode erzählen, oder aber auch einen Witz. Danach geht es in vielen Fällen doch wieder weiter.
Auch für diese Technik gilt: Darüber lesen allein reicht nicht, Sie müssen handeln.

47.

Wo leben Sie? Leben Sie im **HEUTE**, *im* **HIER** *und* **JETZT**, *oder drehen Sie gerade einen Katastrophenfilm über Ihre Zukunft?*

Vor einigen Monaten besuchte ein bekannter Chirurg eines meiner Seminare. Er erzählte mir folgende Geschichte:
Im Leben eines jeden Chirurgen kommt es vor, daß bei einer Operation nicht alles so läuft, wie es laufen sollte. Er meinte, vorauseilende Gedanken seien einer der größten Fehler, die Chirurgen in solchen Situationen machen könnten: „Was mache ich, wenn es schiefgeht, wer redet mit den Angehörigen? Wie vertrete ich das meinem Chef gegenüber, was könnten noch für Komplikationen eintreten?" Oder aber: „Ist mir so etwas schon einmal passiert? Was habe ich in dieser oder in ähnlichen Situationen unternommen?"

Vorauseilende Gedanken haben aber nicht nur Chirurgen. Nehmen wir beispielsweise einen Verkäufer, der gerade in dem Augenblick, als er meint, das Geschäft zum Abschluß zu bringen, bemerkt, daß der Kunde doch kein so großes Kaufinteresse hat. Viele Verkäufer gehen in einer solchen Situation mit den Gedanken bereits in die Zukunft, sie überlegen, wie sie das ihrem Vorgesetzten gegenüber vertreten können und wann sie beim Kunden den nächsten Versuch starten sollten, ...
Erzählt uns jemand sein Problem, hören wir eine Weile zu, und noch während der Erzählung beginnen wir bereits über eine Lösung nachzudenken. Das bedeutet, daß wir nicht im gegenwärtigen Augenblick sind, sondern auch in dieser Situation bereits an die Zukunft denken.

Mein Freund, der Chirurg, hat mir erzählt, daß er bei Operationen voll im HIER und JETZT ist, daß er nicht einmal einen Mini-Gedanken an die Zukunft oder die Vergangenheit verschwendet. Er ist nicht eine Sekunde abgelenkt, und er macht konsequent das, was getan werden muß.
Boris Becker hat diesen Zustand des voll im HIER- und JETZT-Seins einmal **The inner zone of game** genannt. Er meinte damit, daß ein Sportler, der Erfolg haben möchte, niemals während eines Spiels bzw. Wettkampfes an die

Zukunft denken darf, sondern immer voll im HIER und JETZT sein muß.
Wenn Sie gedanklich im HEUTE leben, sind Sie nicht mit Schuldgefühlen und Problemen aus der Vergangenheit belastet. Diese Belastungen würden zu unproduktivem Grübeln führen. Wenn Sie gedanklich im HIER und JETZT, also im HEUTE leben, blockieren Sie Ihr Denken auch nicht mit Katastrophen-Szenarien über Ihre Zukunft. Sie sind voll DA. Und wir alle wissen, daß diese Schreckensszenarien in mindestens 98 Prozent der Fälle ohnehin nicht eintreten.

REZEPT

Sie werden sich jetzt sicher die Frage stellen, wie man lernen kann, im HIER und JETZT zu leben. Dazu möchte ich Ihnen einige Hinweise geben.
Versuchen Sie, bei möglichst vielen Tätigkeiten in einen Zustand zu kommen, in dem die Zeit still steht oder wie im Flug vergeht. Es ist dies ein Zustand entspannter Konzentration. Kontrollieren Sie Ihr Denken, bleiben Sie locker und entspannt, und konzentrieren Sie sich dabei ausschließlich auf das, was Sie gerade tun.
Immer dann, wenn Ihre Gedanken abzuschweifen drohen, zwingen Sie sich wieder zur Konzentration. Dieser Zustand, genannt ***The inner zone of game****, das Leben im HIER und JETZT, ist nicht von einer Sekunde zur anderen zu erreichen. Im Zen-Buddhismus nennt man diesen Zustand SATORI.*
Trainieren Sie zwei bis drei Wochen, und unterstützen Sie dieses Training mit Entspannungstraining (z. B. mit Hilfe meiner CD „Körper und Geist harmonisieren"), und Sie haben in weniger als einem Monat ein völlig neues Lebensgefühl.
Und bedenken Sie bitte: Der einzige Mensch, der Ihnen diesen Wesenszustand schenken kann, sind Sie selbst.

48.

So erreichen Sie **Ihre Ziele** *noch leichter*

Ihre Waschmaschine gibt den Geist auf. Sie rufen den Servicedienst an, der Techniker kommt und erklärt Ihnen nach reiflicher Überlegung, daß es sinnvoller wäre, statt einer sehr teuren Reparatur der betagten Waschmaschine lieber gleich eine neue zu kaufen. Das trifft Sie relativ hart, weil Ihr Budget durch verschiedene andere Anschaffungen bereits überstrapaziert ist.
Sie überlegen fieberhaft, wo Sie eine günstige Waschmaschine herbekommen könnten: „Wen kenne ich bei einer Firma, die Waschmaschinen produziert?" Leider fällt Ihnen niemand ein.
Am nächsten Vormittag sitzen Sie in Ihrem Büro, das Waschmaschinen-Problem ist immer noch ungelöst, und Sie blättern relativ lustlos in Ihrer Visitenkartenmappe. Dort haben Sie alle Visitenkarten abgelegt, die Sie irgendwann einmal bekommen haben. Plötzlich sticht Ihnen eine Visitenkarte ins Auge, auf der in roten und schwarzen Buchstaben ganz groß der Name einer Herstellerfirma für Waschmaschinen steht. Sie lesen auch den dazugehörigen Namen: „Karl Huber", doch der Name sagt Ihnen nichts. Sie überlegen und überlegen, plötzlich fällt Ihnen ein, wo Sie diesen Karl Huber kennengelernt haben. Sie waren vor fünf Jahren auf Urlaub auf Kreta und haben dort einen Karl Huber kennengelernt. Nach ein paar Tagen waren Sie für den Rest des Urlaubs unzertrennlich, vor allem verbanden sie ihre gemeinsamen Hobbys Wassersport und Tennis. Sie erinnern sich dunkel daran, daß sie sich beim Austausch der Visitenkarten versprochen hatten, in Verbindung zu bleiben. Weder Sie noch Ihr neuer Freund Karl Huber haben dieses Versprechen jemals eingehalten.
Aber heute ist der Tag X für Sie. Heute werden Sie die Nachlässigkeit der letzten fünf Jahre wieder gutmachen. Sie werden ihn anrufen. Hoffentlich, denken Sie, ist er immer noch bei der Firma, sonst müßten Sie ja die Waschmaschine zum normalen Preis kaufen. Sie greifen zum Telefon, wählen die Nummer, und zu Ihrer großen Freude

meldet sich die Stimme am anderen Ende der Leitung mit „Karl Huber“.
„Hallo Karl, hier spricht Wilfried, ich wollte mich nur mal erkundigen, wie es dir geht.“ Die Stimme am anderen Ende der Leitung sagt: „Wilfried, Wilfried? – Kenne ich nicht.“
„Aber Karl“, entgegnen Sie „erinnere dich doch an unseren Urlaub auf Kreta, damals vor fünf Jahren.“ Langsam dämmert es auch Karl, wer Sie sind. Gleichzeitig überlegt er fieberhaft, was wohl der Grund für Ihren Anruf sein könnte.
Während das Gespräch so dahinplätschert, kommt Karl zu dem Schluß, daß der einzige Grund für Ihren Anruf wohl der ist, daß Sie irgend etwas von ihm brauchen – womit er natürlich ins Schwarze getroffen hat. Nach einigen Minuten lassen Sie dann die Katze aus dem Sack. Sie fragen Karl, ob er Ihnen behilflich sein könnte, eine neue Waschmaschine zum günstigen Mitarbeiterpreis über ihn zu bekommen. Karl antwortet: „Also weißt du, versprechen kann ich nichts, aber ich werde mich sehr bemühen. Wenn ich mich innerhalb der nächsten drei Tage nicht bei dir melde, habe ich's leider nicht geschafft.“ Und das war auch das letzte, was Sie seither von ihm gehört haben.

Wie hätte Karl wohl reagiert, wenn Sie ihn nach Ihrem gemeinsam verbrachten Urlaub zumindest hin und wieder angerufen hätten, mit ihm ein wenig geplaudert und ihn vielleicht sogar ein oder zweimal in diesen fünf Jahren getroffen hätten? Karl hätte sich betreut gefühlt, er hätte aufrichtiges Interesse an seiner Person verspürt, und es wäre Ehrensache gewesen, Ihnen beim Kauf einer Waschmaschine zu helfen.

REZEPT

Erfolgreiche Menschen haben Beziehungsnetzwerke, die ihnen dabei helfen, ihre Ziele leichter zu erreichen.
Nehmen Sie sich vor, ab heute täglich 20 Minuten in die Pflege Ihrer Beziehungsnetzwerke zu investieren. Das bedeutet, daß Sie sowohl Ihre privaten als auch geschäftlichen Kontakte intensivieren, indem Sie einfach anrufen.
Und glauben Sie mir, Gesprächsstoff gibt es immer. Machen Sie Ihre Netzwerkpflege nicht davon abhängig, ob und wie

oft Sie von den anderen angerufen werden. Rufen Sie einfach an. Auch Sie werden die Erfahrung machen, daß sich jeder über Ihren Anruf freut. Und wenn Sie dann einmal etwas brauchen, können Sie sicher sein, daß man Ihnen helfen wird.

Sag doch einfach:
„Hallo,
ich denke an dich".

PETER F. KINAUER

49.

Mit kleinen Schritten zu mehr **Selbstvertrauen**

Ich habe Patrizia im Urlaub kennengelernt. Sie ist die Leiterin des Housekeeping und hat sehr viel Kontakt zu den Gästen. Jedesmal, wenn Patrizia einen Gast grüßte oder mit ihm sprach, schlug sie schüchtern ihren Blick nieder oder aber blickte während des Gesprächs überall hin, nur nicht in das Gesicht ihres Gesprächspartners. Dabei war Patrizia eine hübsche und charmante Person.

Ich habe mit ihr ein Ziel für die nächsten vier Wochen vereinbart: Jedesmal, wenn sie mit einem anderen Menschen zu tun hat, wird sie in diesen vier Wochen ganz bewußt darauf achten, ihren Gesprächspartner anzusehen und nicht wie bisher den Blick zu senken oder wegzuschauen.

Nach zwei Wochen habe ich mich von einer anderen Patrizia verabschiedet – von einer wesentlich fröhlicheren und selbstbewußteren Patrizia; von einer jungen Dame, der es mit einem Mal viel mehr Freude machte, mit ihren Gästen zu plaudern.

REZEPT

Wenn Sie selbst eine ähnliche kleine Schwäche wegbringen wollen, achten Sie in den nächsten vier Wochen ganz bewußt darauf, daß diese Schwäche nicht mehr spürbar ist. Sie werden vom Erfolg überrascht und begeistert sein.

Nehmen Sie sich aber bitte nicht zuviel vor. Wenn Sie zwei oder mehr Schwächen wegtrainieren wollen, dann bitte nicht alle auf einmal, sondern hintereinander, Schritt für Schritt.

Dieser Tip zeigt Ihnen, welch große, positive Wirkung kleine Schritte haben können.

50.
Nobody is perfect – *Niemand ist* vollkommen

Sind Sie ein Perfektionist? Gehören Sie auch zu jenen Menschen, die viel von sich selbst erwarten und nur einen Standard kennen, den Sie bei sich selbst und auch bei anderen akzeptieren: *Perfektionismus.*

Horst wollte alles: Einen perfekten Job, perfekte Eltern und Geschwister, perfekte Freunde, eine perfekte Partnerin und natürlich ein Heim, welches ebenfalls schlechthin perfekt ist. Horst hat für sich, wie andere Menschen auch, als einzig gültigen Standard die Perfektion in allen Lebensbereichen gesetzt.
Heute, mit 45, hat er weder Freunde, noch eine Frau, er hat einen miesen Job und lebt immer noch bei den Eltern. Er ist unglücklich und hat nur noch negative Gedanken.
Sein Hang zum Perfektionismus läßt ihn weit überzogene Selbstkritik üben. Er ist unzufrieden und enttäuscht. Seine stereotype Redensart: „Es ist sowieso alles egal, es hat alles keinen Sinn" läßt ihn immer weiter abgleiten (bis zur Selbstaufgabe).

Wenn Sie wie Horst den Hang zum Perfektionismus haben, dann denken Sie bitte immer daran: Niemand ist vollkommen, und schon gar nicht die Menschen. Es gibt nur wenig Dinge, die wirklich perfekt sind. Wenn Sie alles im Leben perfekt haben wollen, dann legen Sie die Meßlatte so hoch, daß das Ziel nicht zu erreichen ist.

Was wollte doch Horst alles in Perfektion erreichen?
Er wollte einen perfekten Job

– es *gibt ihn nicht.*

Er wollte perfekte Eltern und Geschwister,
perfekte Freunde, eine perfekte Frau

– es *gibt sie nicht.*

Er wollte eine Superwohnung, in der wirklich
alles vollkommen ist

– es *gibt sie nicht.*

Und wie ist es bei Ihnen?
War Ihr letzter Urlaub perfekt? Ganz sicher nicht. Ihr Urlaub war rückblickend gesehen sicher sehr schön. Aber perfekt? Wie lange haben Sie am Flughafen gewartet? Wie war das Essen im Flugzeug? Wie war das mit dem Hoteltransfer? War der Bus klimatisiert? War er sauber? Und was war alles im Hotel nicht perfekt? Waren genügend Liegen am Strand? Ausreichend Handtücher? Wie war der Service, das Essen usw.? Wie weit ist der letzte Urlaub weg von der Vollkommenheit?
Jetzt stellen Sie sich einmal vor, Sie sind Perfektionist. Wie hätten Sie dann Ihren Urlaub erlebt?

Oder Ihr Haus oder Ihre Wohnung. Ist da alles perfekt? Denken Sie an all die Kleinigkeiten, die Ihnen auffallen. Perfektionisten sind ständig unter Strom. Sie sind immer im Streß, weil irgend etwas nicht ihren Anforderungen nach Vollkommenheit entspricht.

Ist Ihr Job perfekt? Ist Ihre Partnerin, Ihr Partner vollkommen? Sind es nicht gerade die kleinen Schwächen, die die Menschen so liebenwert machen?

Perfektionisten leben in einer anderen Welt. Sie sind wirklichkeitsfremd.
Häufig sind Perfektionisten stolz auf ihren Hang zum Perfektionismus. Im Grunde genommen sollten wir sie bedauern. Denn eines steht fest: Solange sie diesen Hang nicht aufgeben, sind sie mit sich selbst und der Welt unzufrieden und unglücklich!

REZEPT

Das können Sie tun

☞ *Wenn Sie wieder mal eine Vision perfekt realisieren wollen, dann machen Sie Ihre Sache gut oder sogar ausgezeichnet. Zwingen Sie sich nicht zur Perfektion!*
☞ *Wenn Sie der Meinung sind, daß etwas getan werden soll, dann tun Sie es so lange schlecht, bis Sie es gut beherrschen. Und Sie haben keine Chance vergeben.*
☞ *Akzeptieren Sie die Menschen so, wie sie sind. Lieben Sie sie gerade wegen ihrer kleinen Fehler und Schwächen, und versuchen Sie sie nicht nach Ihren Anforderungen umzuformen.*

- ☞ Machen Sie sich klar, daß wirklichkeitsfremde Anforderungen zu Streß und Ängsten (z. B. Versagensangst) führen. Beides wirkt lähmend auf die Produktivität und auf die Lebensfreude.
- ☞ Setzen Sie sich nicht Perfektion, sondern eine sehr gute, qualifizierte Leistung zum Ziel.
- ☞ Akzeptieren Sie, daß auch Sie Fehler machen. Lernen Sie, aus Fehlern zu lernen.
- ☞ Arbeiten Sie nicht jede Minute des Tages auf Hochtouren.
- ☞ Seien Sie sich im klaren darüber, daß es Tage gibt, an denen Sie sich nicht so gut fühlen und daß es dann eben nicht ganz so gut läuft.
- ☞ Machen Sie sich von dem Zwang frei, alles müsse perfekt sein. Dann werden Sie wieder Freunde haben. Sie werden wesentlich glücklicher in Ihrer Partnerschaft sein. Wenn Sie noch keine/n Partner/in haben, so werden Sie leichter eine/n finden. Ihre Arbeit wird Ihnen mehr Freude machen, und Sie werden mit Begeisterung gute, ja sogar hervorragende Leistungen erbringen.
- ☞ Machen Sie sich klar, daß Sie kein Versager sind, wenn Sie nicht vollkommen sind.
- ☞ Halten Sie sich an den Ausspruch „Nobody is perfect“, und Sie werden glücklicher leben!

51.

Ich werde beinahe verrückt, wenn ich Fehler *mache*

Folgende Anekdote wird über Henry Ford V. erzählt: Er soll einmal einen Manager zu sich gerufen haben, dem gerade einen Fehler unterlaufen war, der das Unternehmen damals 50.000,– US-Dollar gekostet hat. Als der Manager geknickt vor Henry Ford saß, fragte dieser ihn: „Was glauben Sie, werde ich jetzt tun?" Der Manager erwiderte: „Sie werden mich vermutlich feuern." Die Antwort von Henry Ford war: „Ich bin doch nicht verrückt, ich habe soeben 50.000,– US-Dollar in Ihre Ausbildung gesteckt. Sie haben doch hoffentlich aus diesem Fehler etwas gelernt."

Viele Jahre hielt ich diese Geschichte für eine reine Erfindung, bis ich im Sommer 1996 im SPIEGEL ein Interview mit dem Europamanager der Firma Intel gelesen habe. Vielleicht ist Ihnen noch in Erinnerung, daß Intel bei der Produktion eines Microchips ein Fehler unterlaufen war. Alle zigtausend Mal konnte es vorkommen, daß der Microchip einen Fehler in der 30. oder 40. Dezimalstelle produzierte. Der Schaden für Intel: ca. 100 Millionen US-Dollar. Der Europamanager wurde gefragt, ob bei Intel die Verantwortlichen für diesen Fehler eruiert worden seien. Die Antwort: „Selbstverständlich kennen wir die Verantwortlichen. Es sind insgesamt acht Techniker für diesen Fehler verantwortlich." Auf die Frage des Journalisten, ob man diese acht Techniker gefeuert hätte, antwortete der Europamanager: „Natürlich nicht, das sind hochbezahlte Spezialisten. Wir können es uns gar nicht leisten, auf sie zu verzichten. Darüber hinaus haben wir alle sehr viel aus diesem Fehler gelernt."

Tennisstars haben viele begeisterte Fans, die sich über jedes As ihrer Sportidole freuen. Was glauben Sie, wieviele Bälle Tennis-Stars im Training so durchschnittlich schlagen? Je mehr ein Mensch übt, trainiert oder arbeitet, desto mehr Fehler wird er machen. Das ist durchaus nor-

mal. Aber die Konsequenz daraus ist: Auch die Zahl seiner Siege wird zwangsläufig größer sein.
Wenn Sie selbst das nächste Mal einen Fehler machen, sollten Sie folgende Überlegungen anstellen:

REZEPT

Jeder Fehler optimiert die Wahrscheinlichkeit, daß es beim nächsten Mal klappt. Tritt ein Fehler auf, versuchen Sie folgende Fragen zu analysieren:

- ☞ *Worin liegt die Ursache dieses Fehlers?*
- ☞ *Wie kann ich ihn in Zukunft vermeiden?*
- ☞ *Was habe ich aus diesem speziellen Fehler gelernt?*

Fehler sind die Quelle der zukünftigen Erfolge. Wenn Sie das beherzigen, werden Sie in Zukunft auch mehr Geduld und Verständnis für Ihre Fehler und die Ihrer Mitmenschen aufbringen.

Menschen ohne Fehler sind langweilig.

PETER F. KINAUER

52.

Manchmal, wenn ich ein Problem habe, kann ich keinen **klaren Gedanken** *fassen*

Wenn Sie das nächste Mal ein Problem lösen wollen, das Sie so bewegt, daß Sie keinen klaren Gedanken fassen können, dann nehmen Sie sich eine Stunde Zeit, und machen Sie folgende Übung:

ÜBUNG

Vergewissern Sie sich, daß Sie während der nächsten 60 Minuten durch nichts gestört werden können. Also keine Telefonate, keine Musik, keine Zigaretten, kein Kaffee, Tee oder Alkohol.
Setzen Sie sich möglichst bequem hin, und bleiben Sie während der nächsten 60 Minuten vollkommen still sitzen. Es gibt nur Sie und die Stille, alles andere ist aus Ihrem Geist ausgeschlossen. Schieben Sie Ihre Probleme einfach beiseite. Lassen Sie Ihren Geist umherschweifen, und versuchen Sie nicht, an etwas Bestimmtes zu denken. Geben Sie sich einfach Ihren Tagträumen hin.
Denken Sie nicht an Ihre Arbeit, treten Sie aus Ihrem persönlichen Leben heraus, und lassen Sie alle Sorgen los. Nichts ist wichtig, nur Sie, die Stille, das Schweigen.
Sie werden die interessante Erfahrung machen, daß irgendwann während dieser Stunde Ihr Geist vollkommen ruhig wird. Sie werden sich dann entspannt und glücklich fühlen, und Sie werden ohne Mühe die Antwort finden, die Sie im Moment brauchen.
Am Ende dieser Stunde der Besinnung folgen Sie Ihrer Intuition. Tun Sie das, was Ihnen Ihre Intuition rät. Machen Sie sich keine Gedanken darüber, ob andere Menschen Ihre Lösung für gut befinden oder nicht. Sie wissen, daß die Antwort die richtige ist.

53.

Wann haben Sie das letzte Mal *gelacht?*

Der größte Teil des Glücks und Unglücks im Leben ist auf eine Beziehung mit anderen zurückzuführen. Erfolgreiche Menschen haben die Fähigkeit, langfristige Freundschaften und Beziehungen mit anderen Menschen einzugehen und diese auch zu erhalten. Daran, wie Menschen mit anderen auskommen und wie diese mit ihnen auskommen, erkennen Sie das Wesen ihrer Persönlichkeit.

Wenn Sie wissen wollen, wie es um die Beziehungen von Menschen zueinander steht – dies gilt gleichermaßen für private Beziehungen als auch für das Unternehmen –, dann stellen Sie zunächst einmal fest, wie häufig diese Menschen miteinander lachen. Das Lachen ist das erste, was verschwindet, wenn die Beziehung schlechter wird. Wenn sich das Betriebsklima verschlechtert, verschwindet das Lachen und im Anschluß daran die Arbeitsfreude.

REZEPT ☺

Machen Sie einen Lachtest. Stellen Sie fest, ob Sie und Ihr Partner miteinander lachen können. Wenn Sie in Ihrer Beziehung oder in der Familie nicht mehr miteinander lachen können, dann überlegen Sie, was Sie miteinander tun können, damit Sie zu einer positiven Veränderung kommen und das Lachen wieder zurückkehrt. Sehr häufig handelt es sich dabei nur um Kleinigkeiten.
Arbeiten Sie in einem Unternehmen als Führungskraft, bedenken Sie bitte, daß die wichtigste Verantwortung einer Führungspersönlichkeit die Sicherstellung der Harmonie und Zufriedenheit der Mitarbeiter ist. Ihre Aufgabe ist es, ein Klima des Optimismus und der Begeisterung zu schaffen.

54.

Hören Sie auf, *immer* **nur** *zu* **geben**

REZEPT

Es gibt überraschend viele Menschen, die bereit sind, alles zu geben. Die anderen nützen die Geber schamlos aus, was den Effekt hat, daß die Geber an Lebensqualität verlieren. Hüten Sie sich davor, immer nur zu geben, und vor allem nicht:

Ihre Zeit

- weil Sie Ihren Terminkalender nicht schützen
- weil Sie bereitwilligst Aufgaben übernehmen, die nicht viel an Ergebnissen einbringen
- weil Sie für jeden, der in Schwierigkeiten ist, ein offenes Ohr haben und dabei Ihre ganze Energie verbrauchen
- weil Sie Ihre privaten Beziehungen aus Rücksicht auf die anderen verkümmern lassen

Ihr Geld

- weil Sie für Dinge bezahlen, für die Sie nicht zahlen müßten
- weil Sie sich nicht zu verlangen trauen, was Ihnen zusteht
- weil Sie bedenkenlos Ihr Geld für andere ausgeben

Ihre Macht

- weil Sie sich dafür entscheiden, lieber zu gefallen, als zu konfrontieren
- weil Sie vorgeben, daß keinerlei Mißbrauch an Ihnen stattfindet
- weil Sie aus Angst, das Mißfallen anderer zu erregen, Ihre eigenen guten Ideen nicht weitergeben
- weil Sie sich vor negativen Reaktionen fürchten

Ihr Recht auf eigene Meinung

- weil Sie zu gehorsam sind
- weil Sie nicht die Wahrheit sagen, obwohl Sie sie kennen
- weil Sie so tun, als ob Sie die Fehler anderer nicht bemerkten

Ihren Seelenfrieden

☺ *weil Sie das tun, was von Ihnen erwartet wird, anstatt das zu tun, was Sie für richtig halten*

☺ *weil Sie sich mit Problemen herumschlagen, die zu lösen nicht in Ihrer Macht steht*

Ihr Gleichgewicht

☯ *weil Sie zu viele zusätzliche Aufgaben übernehmen, um eine unersättliche Person zufriedenzustellen*

☯ *weil Sie die Meinungen anderer höher schätzen als die Ihrer Familie*

☯ *weil Sie vergessen, was wirklich zählt*

Wenn die Art und Weise, wie Sie derzeit leben, Sie in eine oder mehrere der oben angesprochenen Situationen gebracht hat, dann ist es Zeit, etwas zu ändern. Ihre Gesundheit, Ihre Familie, Ihre Karriere und Ihre Lebensqualität stehen hier auf dem Spiel.

55.
Entweder – Oder

Sind Sie ein Logiker, für den es nur das Entweder-oder-Denken gibt? Entweder Familie oder Karriere. Entweder Zeit für Sport oder für die Kinder.
Wie viele solche ENTWEDER-ODER-Situationen haben Sie in den letzten zwei Monaten erlebt?

ÜBUNG

Schreiben Sie in den freien Raum alle ENTWEDER-ODER-Situationen, mit denen Sie in den letzten beiden Monaten konfrontiert wurden:

*Haben Sie schon einmal darüber nachgedacht, wie es wäre, wenn Sie aus dem **ENTWEDER-ODER** ein **SOWOHL ALS AUCH** machen würden. Also z. B. **Karriere UND glückliches Familienleben. Oder Sport UND Zeit** für die Kinder.*
*Seien Sie einmal kreativ, und überlegen Sie, wie Sie aus den **ENTWEDER-ODER**-Situationen, die Sie oben eingetragen haben **SOWOHL-ALS-AUCH**-Situationen machen könnten. Geben Sie nicht auf, bevor Sie für jede Ihrer **ENTWEDER-ODER**-Situationen eine **SOWOHL-ALS-AUCH**-Lösung erarbeitet haben. Sie werden überrascht und erfreut feststellen, wieviel Qualität Ihr Leben mit den neuen **SOWOHL-ALS-AUCH**-Situationen gewonnen hat.*

56.

Nachbarschaftshilfe

oder Wenn jemand ständig etwas von Ihnen möchte

Ihre Nachbarin läutet zum x-ten Male bei Ihnen, weil ihr wieder einmal die Milch, die Nudeln oder das Salz ausgegangen sind. Da steht sie mit hängenden Schultern, einem zerknirschten Lächeln und beinahe Tränen in den Augen vor Ihnen und bittet Sie, Ihr wieder einmal auszuhelfen.

Der Rasenmäher Ihres Nachbarn hat im letzten Sommer seinen Geist aufgegeben, seither leiht er sich ständig Ihren Rasenmäher aus, und immer mit dem Hinweis, daß er noch nicht dazu gekommen ist, sich selbst einen neuen Rasenmäher anzuschaffen. Die Sache geht Ihnen allmählich auf die Nerven, trotzdem übergeben Sie ihm mit einem freundlichen Lächeln Ihren Rasenmäher.

Wenn Sie sich plötzlich beim siebten oder achten Mal weigern, das gewünschte Produkt herauszurücken, bedeutet dies den Bruch einer Gewohnheit und damit einer gewissen Form nachbarschaftlicher Beziehungen. Vermutlich schaffen Sie es gar nicht, jetzt noch NEIN zu sagen.

REZEPT

Wenn das nächste Mal jemand von Ihnen Nachbarschaftshilfe fordert, so sagen Sie ruhig Ja. Aber beim zweiten Mal sagen Sie Nein, und bleiben Sie dabei. Ein Nein beim zweiten Mal bedeutet, daß das Ausleihen des Rasenmähers oder von Lebensmitteln ein Ausnahmefall bleiben soll. Keine Angst, Sie werden deshalb kein schlechter Nachbar, Sie müssen sich nur etwas weniger ärgern.

57.

So erreichen Sie leichter ein JA

Stellen Sie sich folgende Situation vor: Sie machen einen Stadtbummel, schlendern gemütlich durch die Straßen, bleiben vor verschiedenen Schaufenstern stehen – plötzlich spricht Sie jemand an und bittet Sie um fünf Schilling. Geben Sie dem Bittsteller die gewünschte Münze?
Nun stellen Sie sich ein anderes Szenario vor: Sie machen wieder einen Stadtbummel. Ein Passant kommt auf Sie zu und fragt Sie freundlich nach der Uhrzeit. Bereitwillig geben Sie Auskunft, der Passant bedankt sich und stellt Ihnen jetzt eine zweite Frage – nämlich, ob Sie ihm mit fünf Schilling fürs Telefonieren grade mal aus der Klemme helfen könnten.
Hand aufs Herz, würden Sie diesem Passanten jetzt eher mit fünf Schilling aushelfen? Die Erfahrung zeigt, daß dies der Fall ist. Der Passant hat sich nach der Zeit nur deshalb erkundigt, um von Ihnen eine erste Gefälligkeit zu erreichen. Diese Gefälligkeit macht Sie empfänglich, gleich danach dem Frager einen zweiten Dienst zu erweisen, und zwar den Dienst, auf den es eigentlich ankommt.
Sie werden ganz sicher nicht das Gefühl haben, bei dieser Entscheidung, jemandem aus der Klemme zu helfen, unter Druck gesetzt worden zu sein. Wohl aber hätten Sie das Gefühl, unter Druck gesetzt zu werden, wenn Ihnen der erste Passant fünf Minuten nachgelaufen wäre, um Sie zu überzeugen, ihm die geforderten fünf Schilling zu übergeben. Eine derartige Beharrlichkeit hätte womöglich überhaupt nichts gebracht.

REZEPT

Wenn Sie ein wichtiges Anliegen an eine Person haben, ist es nicht immer gut, mit der Tür ins Haus zu fallen. Viel besser ist es vielmehr, wenn Sie Ihrer Zielperson vorab einige Fragen stellen, die mit Ihrem eigentlichen Anliegen nichts zu tun haben, auf die Sie aber positive Antworten bekommen. Und erst dann rücken Sie mit Ihrem eigentlichen Anliegen heraus.

Nehmen wir einmal an, Ihre Tante Jolanda hat einen schönen Garten mit einem Wochenendhaus am Stadtrand. Sie möchten Haus und Garten für eine Geburtstagsparty benutzen. Nun ist Tante Jolanda sehr heikel, wenn es um ihren Garten geht, und es wird sehr schwierig sein, sie davon zu überzeugen, Ihnen das kleine Anwesen für einen Abend mit Ihren Freunden zu überlassen. Würden Sie Tante Jolanda ganz direkt und geradeheraus fragen, ob Sie am nächsten Samstag mit Ihren Freunden einen Grillabend veranstalten dürften, wäre die Antwort vermutlich ein Nein.
Wählen Sie lieber eine andere Vorgangsweise: Zuerst einmal bewundern Sie, wie toll Haus und Garten gepflegt sind. Dann bedauern Sie, daß Sie selbst keinen Garten zur Verfügung haben, und dann fragen Sie Tante Jolanda, ob Sie sie in ihrem Garten wohl einmal besuchen dürften. Die Antwort ist hundertprozentig ein Ja. Nun fragen Sie Tante Jolanda, ob Sie sie am nächsten Samstag besuchen dürften. Auch hier bekommen Sie wieder ein Ja. Danach sagen Sie, daß Sie selbstverständlich Fleisch und Würste und einige Salate fürs Grillen mitbringen werden. Die Tante wird sich sicher freuen. Und ganz beiläufig erwähnen Sie, daß es doch Tante Jolanda ganz sicher nichts ausmachen würde, wenn Sie noch ein paar Freunde mitbrächten.
Auch wenn Tante Jolanda keine große Freude mit Ihren Freunden hat, wird sie aufgrund der vorangegangenen zustimmenden Antworten ganz sicher mit Ja antworten, und Ihre Grillparty ist gesichert.

Viele Verkäufer wenden diese leicht manipulative Technik an, indem Sie sich von Ihren Kunden lange vor dem endgültigen Ja zum Hauptprodukt verschiedene kleine Ja-Antworten zu Nebensächlichkeiten holen – und der Erfolg gibt ihnen recht.
Also, wenn Sie das nächste Mal von jemandem ein Ja erreichen möchten und Sie glauben, daß dies relativ schwierig sein wird, so fallen Sie bitte nicht mit der Tür ins Haus. Holen Sie sich erst zu den Nebensächlichkeiten Ihre Ja-Antworten, und Sie werden mit Ihrem Hauptanliegen erfolgreich sein.

58.
Lassen Sie sich **nicht anfassen**

Es ist Freitag abend, und Sie machen im nahegelegenen Supermarkt Ihre Einkäufe für das Wochenende. Von einem Verkostungsstand kommt ein Mann lächelnd auf Sie zu. Er sagt „Guten Abend, gnädige Frau" und reicht Ihnen ein Stück Käse, wobei er Sie ganz sacht am Arm berührt. „Probieren Sie doch mal diesen Käse, gnädige Frau, es ist die neue Sorte von Gourmet." Sie nehmen das Stück Käse, er läßt Ihren Arm wieder los.
Während Sie den Käse essen, setzen Sie Ihren Rundgang durch den Supermarkt fort. Sie kommen zum Milch- und Käseregal. „Warum soll man den Käse eigentlich nicht probieren", denken Sie und legen ein abgepacktes Stück davon in Ihren Wagen.
Frage: Glauben Sie, daß die Tatsache, daß der Verkäufer Sie am Arm berührt hat, Ihre Entscheidung beeinflußt hat?
Antwort: *Höchstwahrscheinlich ja.*

Dieses und andere Experimente zeigen interessante Ergebnisse. Der Mann am Verkostungsstand bietet bei einer bestimmten Zahl von unbegleiteten Kunden ein Stück Käse der Marke X an. In 50 Prozent der Fälle legt er, während er spricht, seine Hand ganz leicht auf den Unterarm der angesprochenen Person.
Überraschung: Diese einfache Berührung reicht aus, um den Prozentsatz der Personen, die vom Käse kosten wollen, um 60 Prozent zu erhöhen.
Aber es kommt noch besser: Von den berührten Personen wird der Käse doppelt so oft gekauft als von den anderen.

REZEPT

Wenn jemand, der etwas von Ihnen möchte, Sie auch nur ganz leicht berührt, ist die Wahrscheinlichkeit, daß Sie das tun, was er möchte, etwa doppelt so hoch, als wenn er Sie nicht berühren würde. Mein Tip: Lassen Sie sich nicht anfassen!

59.

So befreien Sie sich von Lustlosigkeit

Sie kennen das: Jemand ist für ein Thema Feuer und Flamme. Wenn er spricht, unterstreichen seine Körperhaltung, seine Gestik, seine Mimik und seine Stimme auf eindrucksvolle Art seine Begeisterung.
Berichtet dieselbe Person über ein Thema, zu dem sie eine völlig andere, eine negative, nicht motivierte Einstellung hat, sprechen die körpersprachlichen Signale und die Stimme eine ganz andere Sprache.

Manchmal haben wir einfach keinen „Bock", eine bestimmte Sache erledigen. Und wenn wir es dann endlich doch tun müssen, kämpfen wir mit verschiedenen Problemen: Die Zeit vergeht nicht, wir sind froh über jede Unterbrechung, über jede Störung, wir arbeiten lustlos und unkonzentriert, was zur Folge hat, daß die Fehlerquote steigt, und mit unserer Laune steht es auch nicht grade zum Besten.

ÜBUNG

Vier Schritte zur Selbstmotivation
Für diese Übung brauchen Sie einen Partner.

Schritt 1

Schildern Sie Ihrem Partner für die Dauer von zwei bis drei Minuten Ihr absolutes Lieblingshobby in glühenden Farben. Wenn Sie fertig sind, sagen Sie Ihrem Partner, wieviel Motivation Sie jetzt für Ihr Hobby verspüren (auf einer Skala von eins bis zehn).

Schritt 2

Schildern Sie Ihrem Partner wiederum für zwei bis drei Minuten Ihr Lieblingshobby so langweilig und desinteressiert wie möglich. Die Aufgabe Ihres Partners ist, ganz genau auf Veränderungen in Ihrer Haltung, Körpersprache und in Ihrer Stimme zu achten.
Wichtig: Jedes Mal, wenn Sie zu Ihrem motivierenden Stil zurückkehren, muß Ihr Partner Sie unterbrechen. Nach dieser „Valium-Erzählung" wird Ihr Partner Sie fragen,

wo Sie sich jetzt auf Ihrer Motivationsskala (eins bis zehn) befinden.

Schritt 3 *In diesem Teil der Übung gibt Ihnen Ihr Partner eine kurze Analyse zu den beiden Erzählungen und zeigt Ihnen die drei größten Unterschiede zwischen Ihrer motivierten und Ihrer nicht motivierten Erzählung auf.*

Schritt 4 *Überlegen Sie, zu welcher Tätigkeit Sie normalerweise überhaupt nicht motiviert sind. Zum Beispiel: Gartenarbeit, Hausputz, Aufräumungsarbeiten im Büro usw. Schätzen Sie Ihre Motivation zu dieser Tätigkeit auf Ihrer Motivationsskala (eins bis zehn) ein, und teilen Sie Ihrem Partner die entsprechende Punkteanzahl mit.*
Schildern Sie diese Tätigkeit jetzt so enthusiastisch und begeistert, wie Sie nur können. Nach etwa drei Minuten unterbricht Sie Ihr Partner und bittet Sie, sich erneut auf der Motivationsskala einzuschätzen. Wenn Sie vorher bei ein bis zwei Punkten gelegen sind, können Sie davon ausgehen, daß Sie sich bei Ihrer Power-Erzählung auf sechs bis sieben Punkte gesteigert haben.

Wenn Sie das nächste Mal etwas tun müssen, wozu Sie absolut keine Lust verspüren, es aber leider getan werden muß, dann stellen Sie sich diese Tätigkeit so begeistert und enthusiastisch wie nur möglich vor, und dann stürzen Sie sich hinein ins Vergnügen. Sie werden überrascht sein, um wieviel leichter Ihnen diese ungeliebte Tätigkeit mit einem Mal von der Hand geht.

60.
Frühstück mental

Was essen Sie gerne zum Frühstück? Frische Semmeln, Butter, Marmelade, Honig, Speck, Spiegeleier, weiche Eier, Müsli, Früchte oder ein kleines Steak? Es sei Ihnen alles gegönnt.

REZEPT

Mein Vorschlag: Frühstücken Sie zusätzlich auch noch mental. Stellen Sie sich zwischen Müsli und Kaffee folgende Fragen:

Wer und was macht mich glücklich?
Wie fühle ich mich dadurch?
Worauf freue ich mich heute am meisten?
Wer und was gibt mir Leidenschaft?
Wie fühlt sich das in meinem Körper an?
Welche Chancen habe ich heute?
Wofür bin ich in meinem Leben am dankbarsten?
Wen liebe ich, und wer liebt mich?
Wem kann ich eine Freude machen?

Fragen, wenn es richtig problematisch wird:
? *Wie mache ich aus dem Problem eine Herausforderung?*
? *Wie gehe ich konkret Schritt für Schritt vor?*
? *Was kann ich tun, um zu erreichen, was ich will?*
? *Was würden andere Profis in dieser Situation tun?*
? *Wie kann ich mein Problem lösen und gleichzeitig genießen?*

ÜBUNG

Und wenn es überhaupt nicht mehr weitergeht:
Stellen Sie sich vor, Ihr Ziel bereits erreicht bzw. gelöst zu haben. Und jetzt stellen Sie sich die Frage: Was habe ich unternommen, um ins Ziel zu gelangen? Blicken Sie einfach in Gedanken zurück. Fragen Sie sich, welchen Weg Sie zur Erreichung Ihres Zieles eingeschlagen haben und wie Sie vorgegangen sind.
Sollte es beim ersten Mal nicht klappen, geben Sie nicht auf, erleben Sie sich immer wieder im Ziel bzw. stellen Sie

sich vor, Ihr Problem bereits gelöst zu haben, und schauen Sie sich den Weg an, den Sie bis ins Ziel zurückgelegt haben. Spätestens beim dritten Mal (aber machen Sie zwischen den einzelnen Rückblicken zumindest eine halbe Stunde Pause) haben Sie einen brauchbaren Lösungsansatz gefunden.

Betrachte jeden Tag,
jede Situation
als Herausforderung,
und nicht als Problem.
Und du wirst sehen,
wie dein Leben
sich verändert.

Peter F. Kinauer

61.

Wenn etwas nicht so gut *gelaufen ist*

Manchmal kann es vorkommen, daß wir mit den Ereignissen eines Tages und wie wir sie bewältigt haben nicht ganz zufrieden sind. Beim nächsten Mal, denken wir, wird alles ganz anders. Damit es beim nächsten Mal auch tatsächlich ganz anders wird, nämlich so, wie Sie es gerne hätten, sollten Sie die folgende Übung am Abend eines Tages, an dem nicht alles so gut gelaufen ist, wie Sie es sich vorgestellt haben, durchführen.

ÜBUNG
Mentales Umerleben in drei Schritten

Schritt 1

Setzen oder legen Sie sich hin. Machen Sie es sich so bequem wie möglich. Entspannen Sie sich so gut es geht. Wenn Sie eine CD mit Entspannungsmusik haben, legen Sie sie in Ihren CD-Player ein. Gehen Sie jetzt im Geiste die Geschehnisse Ihres heutigen Tages noch einmal durch. Vom Zeitpunkt des Aufwachens bis zum jetzigen Moment. Stellen Sie sich folgende Fragen:

☞ *Wann und wo habe ich etwas getan und gesagt, das meinem inneren Wertmaßstab nicht entspricht?*

☞ *Habe ich das Bedürfnis nach Harmonie verletzt oder etwas Notwendiges nicht getan?*

Schritt 2

Durchleben Sie, wenn Sie sich einen Vorwurf dieser Art machen müssen, nun die Situation im Geiste noch einmal. Diesmal jedoch in ihrem idealen Ablauf. Lassen Sie die jeweilige Situation vor Ihrem geistigen Auge noch einmal so ablaufen, wie Sie sie gerne erlebt hätten. Hören Sie im Geiste die Worte, die Sie gerne gesprochen hätten. Sehen Sie Ihre Körperhaltung, Ihre Körpersprache, Ihre Gestik, Ihre Mimik, und handeln Sie in Ihrer Vorstellung so, wie Sie es von nun an immer gerne täten und es im Grunde genommen auch von sich erwarten.

Schritt 3

Identifizieren Sie sich dann mit dem Vorstellungsbild Ihres richtigen Verhaltens, und nehmen Sie es in Ihr Innerstes auf. Laden Sie diese Vorstellung mit einem starken Gefühl der

Freude und der Bejahung auf, und versichern Sie sich, daß Sie das nächste Mal genau so und nicht anders handeln werden.

Viele meiner Seminarteilnehmer berichten mir, daß ihnen diese einfache Übung sehr geholfen hat. Damit Sie sich nicht mehr über sich selbst ärgern müssen, **praktizieren Sie das mentale Umerleben in drei Schritten!**

62.

Alle kommen immer zu mir, wenn sie **Probleme** *haben*

Bittet man Sie oft um Rat? Vermutlich haben Sie den Fehler gemacht, den viele machen: Sie erteilen gerne Ratschläge. Sie sollten aber bedenken, daß jemand, der mit seinen Problemen zu Ihnen kommt, keine Ratschläge will, sondern Ihre Hilfe – und das ist nicht dasselbe.
Sie kennen sicher die folgende Situation: Jemand wendet sich mit einem Problem an Sie und bittet Sie um Ihren Rat. Er ist in seinem Problem vollkommen verfangen, nicht mehr in der Lage, seine Situation von verschiedenen Seiten her zu beleuchten. (An anderer Stelle haben wir bereits besprochen, daß das Denken in Problemen eine Gehirnblockade erzeugt.) Er schafft es nicht, einen Überblick zu bekommen, ist unfähig, die Situation mit wenig Emotionen zu betrachten, und vor lauter Gedanken an verschiedene Details ist es ihm auch nicht möglich, die Gesamtsituation klar zu erkennen. Es ergeht ihm ähnlich wie in dem Sprichwort: „Man kann den Wald vor lauter Bäumen nicht mehr sehen."

REZEPT

Bittet uns ein Mensch in dieser Situation um Rat, bittet er uns eigentlich darum, ihm unser Gehirn zu leihen, weil seines im Augenblick aufgrund der starken emotionalen Belastung außer Betrieb ist. Gott sei Dank ist es uns nicht möglich, unser Gehirn herzuleihen, aber wir können unserem Ratsuchenden Starthilfe geben. Starthilfe bedeutet, daß wir keine konkreten Ratschläge erteilen, sondern Fragen stellen, die es dem Ratsuchenden ermöglichen, seine Situation wesentlich klarer zu sehen.
Dabei werden Sie folgende Feststellung machen: Diejenigen, die wirklich Hilfe brauchen, kommen wieder, und diejenigen, die jedermann um Rat fragen, einfach weil sie keine Lust haben, selbst über ihr Leben nachzudenken, werden nicht mehr zu Ihnen kommen.
Fazit: Sie haben wieder etwas mehr Zeit für sich selbst gewonnen.

63.

Deprimiert?
Ich nicht

Wir alle kennen Menschen, die an einem Tag 99 Dinge erfolgreich gemanagt haben und trotzdem völlig deprimiert nach Hause kommen, weil eine *einzige* Sache schiefgegangen ist. Genau diese eine Sache bläst dieser Menschentyp zu einem hellen Bild auf, während die anderen 99 positiven Erfahrungen längst vergessen oder in kleine verwischte Bilder verwandelt worden sind.

REZEPT

Viele Menschen verbringen ihr Leben auf diese Weise, doch das muß nicht sein. Ich empfehle Ihnen keineswegs, Probleme einfach zu ignorieren, manchen Dingen muß man sich stellen. ***Wenn Sie das nächste Mal völlig deprimiert sind, stellen Sie sich doch bitte die folgenden Fragen:***

☞ *Was werden die Folgen sein, wenn ich die Dinge weiterhin auf diese Art empfinde?*
☞ *In welche Richtung führt mich mein Verhalten?*
☞ *Ist es das, was ich will?*
☞ *Was bewirkt mein geistiges und physisches Verhalten?*

Warum soll man erst im nachhinein feststellen, daß etwas, das Sie leicht und mühelos hätten ändern können, Sie in eine Situation gebracht hat, die nicht Ihren Wünschen entspricht?

Viele Menschen scheinen selten von etwas emotional berührt zu sein. Das hat seine Vorteile: Wenn Sie bei einer Sache nicht so stark emotional beteiligt sind, haben Sie mehr Ressourcen zur Verfügung, um damit umzugehen. Gehen Sie jedoch ständig zu sich selbst auf Distanz, geht Ihnen etwas sehr Wichtiges verloren: die Lebensfreude.
Schränken Sie sich nicht selbst ein! Lernen Sie, sich stärker mit Ihren inneren Wahrnehmungen und Eindrücken zu identifizieren. Sie werden feststellen, daß Sie viel vitaler werden und neue, positive Erfahrungen im Leben machen.
Es kann aber auch sein, daß Sie sich in den meisten Situa-

tionen, die Sie erleben, emotional sehr stark engagieren. Das wiederum kann leicht zu emotionaler Überforderung führen. Sie haben dann vielleicht größere Schwierigkeiten mit dem Leben fertigzuwerden, weil Sie jedes noch so kleine Problem intensiv erleben.
Ein Mensch, der sich mit allem im Leben assoziiert, ist außerordentlich leicht verletzbar. Er wird vieles zu persönlich nehmen.

REZEPT

Der Schlüssel zu einem erfolgreichen Leben ist ein Gleichgewicht in allen Dingen. Wir können uns in jeder Situation entscheiden, ob wir sie emotional stark oder schwach erleben wollen.
Wenn Sie dazu neigen, alles zu emotional zu empfinden, dann versuchen Sie ganz bewußt, die Situation mit etwas mehr Distanz zu betrachten. Wenn Sie dazu neigen, in den meisten Situationen eher unberührt zu sein, dann kann es sehr hilfreich sein, wenn Sie sich manchmal etwas stärker emotional beteiligen.
Wenn Sie die Dinge etwas distanzierter betrachten, werden Sie nicht mehr so verletzlich sein. Wenn Sie im anderen Fall das Leben nicht mehr so distanziert betrachten, gewinnen Sie mehr Lebensfreude.
In beiden Fällen werden Sie ab sofort wesentlich seltener deprimiert sein.

ÜBUNG

Das können Sie tun, wenn Sie deprimiert sind:
Setzen Sie sich bequem hin, und schließen Sie Ihre Augen. Erleben Sie das, was Sie im Augenblick deprimiert, ganz besonders intensiv. Schieben Sie das, was Sie vor Ihrem geistigen Auge sehen, immer weiter von sich weg, so daß das Bild, welches Sie haben, immer undeutlicher wird, bis es beinahe nicht mehr zu sehen ist. Das ist ähnlich, wie wenn Sie ein Fernglas einfach umdrehen, und das, was sie normalerweise sehr nahe sehen, auf einmal in großer Entfernung vor Augen haben.
Wenn Sie Stimmen hören oder Geräusche, so machen Sie diese Geräusche immer leiser und leiser, so daß sie letztendlich in jener Lautstärke zu hören sind, die der Entfernung des Bildes entspricht.
Wenn Sie körperliche Empfindungen haben, während Sie sich das, was Sie deprimiert, vorstellen, dann verringern

Sie diese körperlichen Empfindungen so, daß sie der Entfernung des Bildes und der Lautstärke der Geräusche entsprechen.
Lächeln Sie, und sagen Sie zu sich selbst: „Ich sehe die Sache jetzt wesentlich ruhiger und distanzierter, und ich weiß, daß alles wieder gut wird."

Wie bei allen Mentalübungen, kann es sein, daß Ihnen diese Übung nicht auf Anhieb gelingt. Wenn dies so ist, verlieren Sie bitte nicht den Mut! Machen Sie die Übung so oft, bis sie Ihnen gelingt. Glauben Sie mir, der Erfolg ist Ihnen sicher!

64.

So denken Sieger

ÜBUNG

Ich möchte, daß Sie in den nächsten zwei Wochen jeden Morgen ins Badezimmer gehen, sich im Spiegel betrachten und folgende Sätze fünfmal ganz laut und mit einem Lächeln Ihrem Spiegelbild sagen:

☺ *Ich mag mich! (Ich liebe mich!)*
☺ *Heute ist ein Super-Tag für mich!*
☺ *Ich schaffe alles, was ich mir vornehme!*
☺ *Ich bin heute super drauf!/Es geht mir heute so gut, daß ich Bäume ausreißen könnte!*
☺ *Ich bin der/die Beste, der/die absolut Beste!*

Kommt Ihnen blöd vor? – Sollte es nicht! Machen Sie diese Übung konsequent zwei Wochen lang jeden Morgen, und Sie werden die Erfahrung machen, daß Sie nach ganz kurzer Zeit schon das kleinkarierte und engstirnige Denken verlernt haben. Sie denken positiv – nicht mehr in Problemen, sondern in Herausforderungen. Sie sind wesentlich besser aufgelegt, kommunizieren besser mit Ihren Mitmenschen, und Sie sind erfolgreicher!
Also, worauf warten Sie noch? Ab ins Badezimmer!

65.

Ich kann das einfach nicht, das ist ein paar Nummern **zu groß** *für mich*

Maria ist eine intelligente und charmante Person. Sie ist Sachbearbeiterin in einem mittelgroßen Unternehmen und hätte jetzt die Möglichkeit Abteilungsleiterin zu werden. Außer der Tatsache daß Maria in Ihrer neuen Position auch völlig neue Aufgaben zu übernehmen hätte, müßte sie in dieser Eigenschaft auch eine Gruppe von zwölf Personen führen.
Ihr Chef erwartet von Ihr innerhalb von zwei Wochen eine Antwort auf sein Angebot.

Maria hätte nur zu gerne diese neue Herausforderung übernommen. Sie ist jedoch von Selbstzweifeln geplagt. Sie fürchtet, daß sie dieser Aufgabe nicht gewachsen ist, daß die neue Herausforderung ein paar Nummern zu groß für sie ist.
Das ist ganz sicher nicht der Fall, aber das einzige, was bei derartigen Überlegungen zählt, ist die eigene innere Empfindung. Und die ist nun mal im Falle von Maria negativ.

REZEPT

Wenn auch Sie manchmal so wie Maria von Selbstzweifeln geplagt werden und meinen, daß Sie einer neuen Herausforderung nicht gewachsen sind, empfehle ich Ihnen, sich sehr eingehend mit Kapitel 4 in diesem Buch auseinandersetzen. Darüber hinaus sollten Sie die Übung, die ich im vorigen Kapitel beschrieben habe, konsequent durchführen, und Sie werden schon bald feststellen, daß Sie alles können!

66.
So beugen Sie Schicksalsschlägen *vor*

Die meisten „Schicksalsschläge“ sind nichts anderes als das Ergebnis unserer schlechten Lebensgewohnheiten.

Vor ein paar Tagen habe ich mit einem lieben Freund telefoniert. Er berichtete mir, daß er an Lungenkrebs erkrankt sei, welcher nach Auskunft der Ärzte das Ergebnis jahrzehntelangen Zigarettenrauchens ist. Mehr als 30 Jahre lang hat mein Freund täglich 40 und mehr Zigaretten geraucht.

Sind Sie übergewichtig? Haben Sie trotz mehrerer Diäten immer wieder zugenommen? Die meisten Übergewichtigen sind deswegen zu dick, weil sie nicht auf die kleinen Sünden des Alltags, die ja zur lieben Gewohnheit geworden sind, verzichten wollen.

Haben Sie gesundheitliche Probleme, Herzbeschwerden, Probleme im Magen-/Darm-Trakt, Verdauungsstörungen? Ja? Dann haben Sie vermutlich in den letzten Jahren sehr hart daran gearbeitet, um dieses Ergebnis zu erzielen: zu viel essen, zu spät essen, rauchen, zu wenig Schlaf, zu viel Streß, zu viel Alkohol, unbehandelter Bluthochdruck, zu hohe Cholesterinwerte und nichts dagegen unternommen, Bewegungsmangel.

Die meisten Menschen wachen erst auf, wenn sie flach auf der Nase liegen. Für manche ist es dann leider zu spät. „Mir wird schon nichts passieren“ hilft genausowenig wie die zu späte Erkenntnis: „Hätte ich meine Lebensgewohnheiten vor zehn Jahren geändert, wäre das nicht passiert“.

ÜBUNG

Die Schicksals-schlag-Vorbeuge-Übung

Schreiben Sie in den freien Raum am Rand dieser Seite alle Ihre guten und schlechten täglichen Gewohnheiten. Versuchen Sie eine möglichst komplette Auflistung zu erstellen. Wenn Sie fertig sind, stellen Sie sich zu jeder Gewohnheit die folgende Frage: Wenn ich diese Gewohnheit langfristig weiter praktiziere, was ist das wahrscheinliche Endschicksal?

Wenn Sie sich zweimal täglich die Zähne putzen, werden Sie Ihre eigenen Zähne wesentlich länger haben. Wenn Sie zu wenig Zeit für Ihre Familie aufwenden, wird das Endschicksal zumindest ein Auseinanderleben und Nebeneinanderherleben sein. Wollen Sie das?
Ändern Sie Ihre täglichen schlechten Gewohnheiten, und Sie vermeiden damit die „vorhersehbaren Schicksalsschläge".

67.
Das möchte ich mir abgewöhnen

Immer wieder werde ich gefragt, ob es eine Hundertprozent-Methode gibt, mit der man schlechte Gewohnheiten los wird.
Haben Sie schon einmal versucht, sich das Rauchen abzugewöhnen? Wie oft sind Sie schon vor dem Spiegel gestanden und haben zu sich, während Sie nachdenklich Ihr Spiegelbild betrachteten, gesagt: „Eigentlich sollte ich ein paar Kilo abnehmen." Oder vielleicht haben Sie eine andere schlechte Angewohnheit, die Sie gerne loswerden möchten, wie zum Beispiel das Kauen von Fingernägeln.
Leider haben Sie bisher nicht sehr viel Erfolg mit Ihren Bemühungen gehabt. Beim Rauchen halten Sie es vielleicht mit Kurt Tucholsky, der einmal gesagt hat: „Sich das Rauchen abzugewöhnen, ist die leichteste Sache der Welt! Ich habe es schon 25 Mal gemacht."
Wie viele Diäten haben Sie schon begonnen – und was war danach? Und wie viele Versuche haben Sie schon unternommen, um sonstige schlechte Angewohnheiten loszuwerden?

ÜBUNG

Versuchen Sie es doch einmal mit der ***Drei-Schritte-Wisch-Technik****! Die begeisterten Berichte meiner Seminarteilnehmer haben mich bestärkt, Ihnen die Drei-Schritte Wisch-Technik näherzubringen. So funktioniert sie:*

Schritt 1

Schließen Sie die Augen. Lehnen Sie sich bequem zurück. Stellen Sie sich vor, Sie sitzen im Kino oder vor dem Fernseher. Sie sind ganz alleine. Sie sind der einzige Besucher im Kino, oder eben alleine in Ihrem Wohnzimmer.
Stellen Sie sich vor, wie Sie gerne sein möchten oder welches Verhalten Sie gerne erreichen wollen.
Wenn Sie also zum Beispiel Ihr Gewicht reduzieren möchten, dann stellen Sie sich rank und schlank, elegant, selbstbewußt und sicher vor. Machen Sie ein total positives Bild von dem, wie Sie gerne sein möchten.

Das Bild, das Sie nun vor sich haben, sollten Sie wie ein Zuseher im Kino oder vor dem Fernseher erleben. Sie erreichen damit, daß dieses Bild eine sehr starke Anziehungskraft auf Sie ausübt.

Schritt 2

Schließen Sie nochmals Ihre Augen. Stellen Sie sich jetzt vor, was Sie nicht sein oder tun möchten. Also zum Beispiel ein Bild, auf dem Sie dick und unansehnlich, in zu enger Kleidung zu sehen sind, ein Bild, welches Sie als abschreckend empfinden. So möchten Sie nicht sein, und das möchten Sie nicht tun!

Schritt 3

Schließen Sie nochmals Ihre Augen. Stellen Sie sich ein großes, helles Bild davon vor, wie Sie gerne sein möchten oder welches Verhalten Sie gerne haben möchten.
Jetzt konstruieren Sie in der rechten unteren Ecke dieses Bildes ein kleines, dunkles Bild davon, wie Sie nicht sein möchten (also dessen, was Sie im Augenblick tun oder wie Sie im Augenblick sind).
Sagen Sie jetzt mit so viel Dynamik und Energie, wie Sie können ***„WISCH“****, und lassen Sie dieses kleine Bild in weniger als einer Sekunde groß und hell werden, so daß es buchstäblich das erste Bild mit Ihrem Wunschverhalten sprengt. Ich gebe zu, daß sich das Ganze ein bißchen kindisch anhört, aber das begeisterte* ***„WISCH“*** *löst eine ganze Reihe positiver Signale in Ihrem Gehirn aus. Wiederholen Sie diesen WISCH-Vorgang hintereinander noch etwa sechs bis sieben Mal. Entscheidend für den Erfolg dieser Technik ist, daß Sie sie schnell durchführen. Sie müssen sehen und fühlen, wie dieses kleine, dunkle Bild groß und hell wird und dann das große Bild sprengt und durch ein noch größeres, helleres Bild ersetzt wird. Und auf diesem Bild ist etwas zu sehen, was Sie nicht erreichen wollen.*
Sie werden die Erfahrung machen, daß Sie ab sofort jedes Mal, wenn Sie in Ihr altes Verhalten zu verfallen drohen, in Bruchteilen von Sekunden das negative Bild, wie Sie nicht sein möchten, vor Ihrem inneren Auge haben werden. Dieses negative Bild wird verhindern, daß Sie das tun, was Sie gerade zu tun im Begriff waren.

In einer etwas abgewandelten Form können Sie diese Technik auch bei Ängsten und Frustrationen anwenden. Stellen

Sie sich beispielsweise das vor, was Sie nicht wagen zu tun, wenn Sie Angst davor haben. Dann stellen Sie sich vor, daß Sie es so tun könnten, wie Sie möchten.
Machen Sie ein wirklich tolles und aufregendes Bild von dieser Situation. Und jetzt wischen Sie die beiden Bilder insgesamt sieben Mal. Denken Sie jetzt wieder an das, wovor Sie sich gefürchtet haben.
Was fühlen Sie jetzt? Wenn der ***WISCH*** *erfolgreich verlaufen ist, dann müßten Sie in dem Augenblick, wenn Sie an das denken, vor dem Sie sich gefürchtet haben, automatisch dazu übergehen, an das zu denken, was Sie erreichen möchten.*

68.

So stellen Sie endlose **innere Dialoge** *ab*

Führen Sie manchmal einen inneren **Dialog**, der Sie belastet? Ja? Diskutieren Sie ständig das Für und Wider von Entscheidungen, die Sie zu treffen haben oder getroffen hatten, und sind Sie nicht in der Lage, Ihr Gehirn abzustellen?

ÜBUNG

Wenn Sie das nächste Mal wieder von einem endlosen inneren Dialog geplagt werden, machen Sie folgendes:
Setzen Sie sich bequem hin, schließen Sie die Augen, und konzentrieren Sie sich voll auf Ihren inneren Dialog.
Jetzt machen Sie es wie beim Radio hören: Stellen Sie die Lautstärke niedriger. Stellen Sie die Lautstärke so ein, daß Sie nicht mehr gestört sind.
Geben Sie der Stimme in Ihrem Kopf einen sanfteren und zärtlicheren Ton, und entfernen Sie sich etwas von ihr.
Stellen Sie jetzt die Lautstärke noch leiser, so daß Sie überhaupt nicht mehr dadurch gestört sind.
Für die meisten Menschen ist dieses Problem damit behoben. Sie meinen, das geht nicht? Überzeugen Sie sich selbst!

69.

Genieße dein Leben, mach' dir **keine Sorgen** *um mich*

Margit ist 30, wohnt bei ihrer Mutter und hat einen sehr netten Freund. Sie möchte mit ihm ein schönes verlängertes Wochenende von Freitag bis Sonntag verbringen.
Gerade, als sie das Haus verlassen will, sagt ihre Mutter in freundlich, weinerlichem Ton: „Mach' dir keine Sorgen um mich, wenn du dir mit deinem Freund ein paar schöne Tage machst. Ich wünsche dir wirklich, daß es nett wird. Übrigens habe ich neuerdings Schwindelanfälle und Gleichgewichtsstörungen. Das hat aber nichts zu sagen, das kommt bei alten Leuten halt vor. Mach' dir also keine Sorgen, daß ich die Treppe runterfallen könnte, wenn du weg bist. Auch mit einem gebrochenen Bein kann ich immer noch zum Telefon rutschen und den Arzt oder die Rettung anrufen. Also, viel Spaß!"

Kommt Ihnen das bekannt vor? Diese oder ähnliche Äußerungen hören hunderttausende Menschen jedesmal, wenn sie endlich einmal etwas für sich selbst tun möchten. Mit Aussagen dieser Art wird zunächst einmal eine gehörige Portion Gehässigkeit abgelassen. Das Opfer, in unserem Fall die Tochter, soll entwaffnet und beeinflußt werden. Die Betreffenden (die Mutter) gestehen das selbstverständlich weder sich selbst noch anderen ein. Sie bezeichnen denjenigen, dem ihre Gehässigkeit gilt, als absolut verrückt, wenn er nur die Möglichkeit andeutet, daß man ihm feindselig gesinnt sei.
Menschen, die diese Strategie anwenden, sind gewöhnlich echte Genies im Herausfinden der richtigen Zeit und der richtigen Worte. Häufig haben sie auch noch den zusätzlichen Vorteil jahrelanger Erfahrung und kennen ihr Opfer im allgemeinen ausgezeichnet.
Margits Mutter versucht, sie zum Verzicht auf das verlängerte Wochenende zu bewegen. Die Mutter ist offensichtlich eifersüchtig auf den Freund der Tochter und setzt ihn herab, indem sie zum Beispiel seinen Namen nicht erwähnt. Sie richtet sich gegen die beiden jungen Leute, um ihnen

das geplante schöne Wochenende zu verderben und sie mit Sorge und Schuldgefühlen zu belasten.
Sagt man das der Mutter auf den Kopf zu, so antwortet sie ganz sicher: „Bist du verrückt, ich soll dir dein nettes Wochenende verderben wollen? Ich bin feindselig zu dir, ausgerechnet deine Mutter, die nur für dich lebt?"
Natürlich handelt die Mutter nicht bewußt, sie benutzt zwar das Schuldgefühl als Waffe, möchte diese aber unter keinen Umständen gegen sich selbst richten. Darüber hinaus würde der Gedanke an Feindseligkeit ihr Image als perfekte Mutter zerstören. Doch selbst in ihrem Protest bleibt sie immer noch unverändert feindselig, und sie unternimmt nochmals den Versuch, ihre Tochter zu beeinflussen und Schuldgefühle zu wecken. Der Ausspruch „Deine Mutter, die nur für dich lebt" ist eine extrem feindselige Feststellung. Sie bedeutet nichts anderes als: „Ich gebe mein Leben für dich, und daher schuldest du mir deines. Du kannst nie genug für mich tun, du bist in meiner Schuld und kannst diese Schuld niemals abtragen. Denke daran, daß du nicht nur für dein Leben verantwortlich bist – um meines hast du dich genauso zu sorgen!!"

REZEPT

Sollte das nächste Mal jemand versuchen, in Ihnen Schuldgefühle zu wecken, so sagen Sie dieser Person – egal, um wen es sich dabei handelt – daß Sie Ihr Wochenende genießen werden! Sagen Sie nicht: „Wenn irgend etwas passiert oder es dir nicht gut geht, ruf' mich doch übers Handy an" oder „Du weißt ja, wo ich zu finden bin".
Denken Sie immer daran, daß gerade versucht wurde, Sie zu manipulieren, und das lassen Sie nicht zu!
Genießen Sie Ihr Leben, und lassen Sie Schuldgefühle dieser Art in Zukunft nicht mehr aufkommen. Wenn Sie das einige Male getan haben, werden Sie die erfreuliche Feststellung machen, daß die „Mach' dir keine Sorgen um mich"-Aussagen langsam, aber sicher versiegen.

ÜBUNG

Eine andere Möglichkeit, sich von Schuldgefühlen zu befreien ist folgende:
Versetzen Sie sich, wann immer jemand versucht, Schuldgefühle in Ihnen zu wecken, in Ihren Power-Zustand. Machen Sie sich klar, daß es ist das Verhalten des anderen ist, welches Schuldgefühle in Ihnen auslösen soll.

Lernen Sie Schuld als das anzusehen, für das sie steht. Machen Sie sich klar, daß Sie reagieren können, wie immer Sie wollen. Sie können gegenüber dieser Haltung nachsichtig sein, und Sie können Ihre Reaktion darauf übertreiben.
Stellen Sie sich die Frage: Soll ich bleiben, oder soll ich gehen?
Überlegen Sie, welches Verhalten Sie zeigen können, um sein/ihr Verhalten zu ändern.
Am Anfang wird es ein eigenartiges Gefühl für Sie sein, wenn es Ihnen gelungen ist, die Schuld als inneren Zustand zu tilgen und frei von Schuldgefühlen zu sein.

70.
Lächeln *Sie sich zu Gesundheit und Erfolg*

Die amerikanische Immunologin Ann Futtermann der University of California in Los Angeles hat in einem wissenschaftlichen Test das dokumentiert, was unsere Vorfahren intuitiv wußten: **Lachen ist gesund.**
Positive Stimmungen haben einen verjüngenden Effekt auf wichtige Teile der Immun-Abwehr; Freude und Optimismus erhöhen die Fähigkeit der Killerzellen – das ist die schnelle Eingreiftruppe des Immunsystems –, sich schneller zu vermehren. Damit ist der Körper für einen Ernstfall besser gerüstet.
Im Gegensatz dazu produzieren wir in und nach negativen oder depressiven Stimmungen wesentlich weniger Killerzellen, und die Immunabwehr ist deutlich herabgesetzt. Gerade bei Erkrankungen jeglicher Art ist es wichtig, sich in eine positive Stimmung zu versetzen. Selbst gespielte positive Emotionen beeinflussen augenblicklich die Abwehrzellen – das Wachstumspotential der Killerzellen wird stark erhöht, der Genesungsprozeß wird unterstützt und beschleunigt.
Bei Depressionen vermindert sich die Vitalität der Killerzellen, und Heilungsprozesse werden dadurch verlangsamt.

REZEPT ☺

Nehmen Sie sich vor, ab sofort häufiger zu lächeln. Lächeln Sie beim Telefonieren, schon bevor Sie den Hörer abnehmen bzw. ehe der andere abhebt, wenn Sie anrufen. Lächeln Sie, wenn Sie sich ärgern. Sie werden die Erfahrung machen, daß Sie praktisch sofort eine Verbesserung Ihrer Gemütslage verspüren. Lächeln Sie, wenn Sie Fremde kennenlernen. Schauen Sie nicht grimmig drein, sondern heben Sie einfach die Mundwinkel leicht an – schon lächeln Sie. So einfach ist das!

71.

Das Schlüsselwort heißt **Flexibilität**

Hatten Sie schon einmal Gelegenheit, fernöstliche Kampfsportarten wie Aikido oder Tai Chi zu beobachten? Diese Sportarten haben nicht das Ziel, die gegnerische Kraft zu brechen, Sie sind viel eleganter und wirksamer: Sie leiten die gegnerische Kraft um.
Die meisten von uns gehen bei einer Meinungsverschiedenheit wie verbale Boxkämpfer in der westlichen Welt vor. Sie prügeln auf den anderen so lange mit ihren Argumenten ein, bis sie schließlich erhalten, was sie wollen.
Die Kunst ist, Kraft nicht mit Kraft zu begegnen, sondern die Kraft, die gegen einen gerichtet ist, aufzunehmen und in eine neue Richtung zu leiten.

REZEPT

Wie wäre es, wenn Sie ab sofort Ihren Standpunkt vermitteln könnten, ohne ein einziges Mal den Widerspruch Ihrer Gesprächspartner zu wecken, und trotzdem Ihre Integrität dabei vollständig bewahren? Sie meinen, das wäre toll? Dann setzen Sie einfach drei Redewendungen ein:

☞ *Das sehe ich ein,* **und** *ich bin sicher, daß du auch meine Meinung zu diesem Thema überdenken wirst.*
☞ *Das respektiere ich,* **und** *ich weiß, du wirst auch meine Meinung zu diesem Thema überdenken.*
☞ *Das finde ich auch,* **und** *ich bin der Meinung, daß du auch an meinen Ideen zu diesem Thema einiges Positives findest und berücksichtigst.*

Mit dieser Technik erreichen Sie drei wichtige Ergebnisse:

Ergebnis 1
Sie stellen eine unmittelbare Beziehung her, indem Sie die Welt des anderen betreten und seinen Standpunkt anerkennen, anstatt ihn zu ignorieren oder ihn mit Worten wie **aber** oder **allerdings** abzuwerten.

Ergebnis 2
Sie schaffen einen Zustimmungsrahmen, der eine Verbindung zwischen Ihnen und Ihrem Gesprächspartner herstellt.

Ergebnis 3
Sie haben eine Grundlage geschaffen, das Gespräch in eine andere Richtung zu lenken, ohne den Widerspruch des anderen herauszufordern.

Setzen Sie diese Technik ein, wenn Sie das nächste Mal einem anderen Standpunkt begegnen.

72.
So schaffen Sie das **Unglaubliche**

ÜBUNG

Denken Sie an etwas, das Sie gerne tun würden, von dem Sie aber glauben, daß Sie es nicht können (oder nicht schaffen).

☞ *Wie würden Sie stehen, wenn Sie wüßten, daß Sie es können?*

☞ *Wie würden Sie gehen?*

☞ *Wie würden Sie sich bewegen?*

☞ *Wie würden Sie sprechen?*

☞ *Wie würden Sie atmen?*

Versetzen Sie Ihren Körper so übereinstimmend wie irgend möglich in jenen Zustand, in dem er sich befinden würde, wenn Sie wüßten, daß Sie es tun können.

Ihr gesamter Organismus muß ausdrücken, daß Sie es können. Wenn Sie diese physiologischen Veränderungen beibehalten, werden Sie das Gefühl haben, als ob Sie ***JETZT*** *bewältigen könnten, was Sie sich vorher nicht zugetraut haben.*

Stehen Sie so, als ob Sie es geschafft hätten, atmen Sie so, als ob Sie es geschafft hätten. Sagen Sie mit lauter Stimme zu sich selbst „JA, ich kann es", und dabei sprechen Sie genau das an, von dem Sie glauben, daß Sie es nicht tun können. Wenn Sie gehen, dann gehen Sie so, als ob Sie es soeben geschafft hätten.

Sie wissen, Sie können alles erreichen.

73.
So werden Sie mit Schicksalsschlägen *fertig*

Wenn Menschen in eine schwere Lebenskrise geraten, haben sie häufig das Gefühl, ins Leere zu rasen. Eine Liebe endet, ein nahestehender Mensch stirbt. Der Arbeitsplatz wird gekündigt, eine Krankheit reißt einen aus dem Alltag, ein Kind wird drogensüchtig, der Partner geht fremd, ein Berufswechsel macht den Wegzug aus einer vertrauten Gegend notwendig, ...
Solche und ähnliche Ereignisse entziehen uns den Boden unter den Füßen. Nichts ist mehr so, wie es war. Die Hoffnung, daß es jemals wieder bessere Zeiten geben wird, ist gering, die Angst vor einem psychischen und physischen Zusammenbruch dagegen groß. Eine berechtigte Angst.
Wenn man auf Niederschläge im Leben nicht elastisch und flexibel genug reagieren kann, nicht über Ausdauer und Widerstandskraft verfügt, ist die Gefahr, daß man körperlich oder psychisch krank wird, sehr groß. Man verliert jeglichen Lebensmut und findet, wenn überhaupt, erst nach langen Kämpfen wieder Zuversicht und Stabilität.
Doch es gibt Menschen, denen unsere Bewunderung gilt. Sie entwickeln in schicksalhaften Krisen enorme Stärke und Energie. Sie lassen sich selbst durch eine noch so ausweglos erscheinende Situation nicht auf Dauer entmutigen. Sie scheinen sogar an der Herausforderung zu wachsen.

Der Schauspieler Christopher Reeve, seit einem Reitunfall von einem Tag auf den anderen an den Rollstuhl gefesselt, ist das wohl derzeit prominenteste Beispiel dafür, daß Menschen in der Lage sind, sich aus eigener Kraft vor dem Zerbrechen zu bewahren.
Christopher Reeve definiert Helden so: „*Ein Held ist ein gewöhnlicher Mensch, der die Kraft findet, sich mit Ausdauer und Beharrlichkeit in einer ausweglos scheinenden Lage zurechtzufinden.*"
Es gibt viele solcher Helden und Heldinnnen: Sie durchleben Trennungen und zerbrechen nicht daran. Sie begleiten einen geliebten Menschen im Sterbeprozeß und verzweifeln

nicht. Sie verlieren ihren Arbeitsplatz, aber nicht ihren Mut. Sie werden mißhandelt und fühlen sich dennoch nicht ihr Leben lang als Opfer.

REZEPT

Wenn Sie einen Schicksalsschlag erlitten haben, tun Sie das, was die Heldinnen und Helden tun:

Helden akzeptieren die Krise und die damit verbundenen Gefühle

Wenn das Schicksal mit voller Wucht zuschlägt, ist es nur natürlich, daß man im ersten Schock die Augen schließt und denkt: „Wenn ich die Augen wieder aufmache, ist der ganz Spuk verschwunden, und alles wird so sein, wie es vorher war."
In der ersten Phase einer akuten Krise ist die Angst vor dem Schmerz so groß, daß man versucht, die Situation zu leugnen. Viele Menschen tun dann häufig so, als sei überhaupt nichts geschehen. Sie gehen so schnell wie nur irgend möglich zur Tagesordnung über, verfallen in hektische Aktivität oder betäuben sich mit Alkohol oder Medikamenten.
Helden dagegen lassen sich Zeit. Sie wissen: Weglaufen hilft nicht. Sie wissen auch: Im Augenblick ist es unmöglich, einen klaren Gedanken zu fassen oder eine Entscheidung zu treffen. Aber es wird eine Zeit kommen, da werden Sie wissen, was zu tun ist. Bis dahin suchen Sie sich einen Ort, an dem Sie sich wohl fühlen. Das kann ein entlegenes Hotel sein, das eigene Bett, das ehemalige Kinderzimmer im Elternhaus, oder aber ein bestimmter Platz in der Natur. Dort lassen Sie Ihren Gefühlen freien Lauf. Schämen Sie sich nicht Ihrer Tränen, Ihrer Ängste.
Machen Sie nicht den Fehler, sich zusammenzureißen und zu versuchen, Ihre Gefühle einzufrieren. Mit eingefrorenen Gefühlen geschieht das, was passiert, wenn Wasser zu Eis gefriert – Eis dehnt sich aus. Ebenso verhält es sich mit eingefrorenen Gefühlen. Auch sie können sich ausdehnen und dann den Menschen zum Explodieren bringen. Alkoholexzesse, Depressionen und Selbstmordgedanken können die langfristige Folge von eingefrorenen Gefühlen sein.

Helden suchen nach Lösungen

Es gibt grundsätzlich zwei Lösungen, auf Krisen zu reagieren. Man kann klagen: „Warum passiert das gerade mir? Womit

habe ich das verdient? Wie konnte das geschehen? Das überstehe ich nicht! Es ist so schrecklich!"
Man kann aber auch sagen: „Ich habe nicht erwartet, daß mir so etwas Schreckliches widerfährt, aber es ist nun einmal geschehen, und es steht nicht in meiner Macht, es ungeschehen zu machen. Vor mir liegt eine äußerst schwierige und schmerzhafte Zeit. Was kann ich tun, damit es mir gelingt, sie zu meistern?"
Helden grübeln nicht unentwegt über ein Problem nach, sondern sind sogar im tiefsten Schmerz in der Lage, nach Lösungsmöglichkeiten zu suchen.
Wir können nicht beeinflussen, was mit uns geschieht, aber wir können entscheiden, welche Folgen das Geschehen für uns hat.

Helden versuchen erst gar nicht, ihre Schwierigkeiten im Alleingang zu lösen

Wissenschaftliche Untersuchungen belegen übereinstimmend, daß man mit Schicksalsschlägen besser fertigwird, wenn man in eine Familie eingebunden ist oder ein festes soziales Netz von Freunden besitzt. Das gilt sowohl für Kinder wie auch für Erwachsene. Helden achten darauf, daß sie sich in ihrer Not an die richtigen Personen wenden. An Menschen, die einfühlend und unterstützend sind, die ihnen Mut machen und sie an ihre Stärken erinnern.
Sie meiden Menschen, die nur Sprüche klopfen, wie zum Beispiel: „Die Zeit heilt alle Wunden." „Du mußt stark sein – schon wegen der Kinder." „Es lohnt sich nicht über verschüttete Milch zu klagen." „Anderen geht es noch schlechter als dir." „Das Leben geht weiter." „Wenn ich je etwas für dich tun kann, ruf mich an."

Helden fühlen sich nicht als Opfer

Manche Menschen, die mitten in einer Krise stecken, machen die Situation durch ihre Einstellung noch schlimmer, als sie ohnehin schon ist. Sie sehen alles nur noch grau in grau, haben jede Hoffnung auf Änderung verloren, betrachten sich als Opfer der Situation. Formulierungen wie: „Ich kann nicht; ich werde niemals mehr glücklich sein; ich weiß nicht, was ich tun soll" sind an der Tagesordnung.
Auch Helden sind nicht gegen das Opfergefühl gefeit. Doch nach einer gewissen Zeit gelingt es ihnen statt „Ich kann

nicht" „Ich will es versuchen" zu sagen. Dadurch gewinnen sie wieder Kontrolle über das Geschehen. Und der erste Schritt zum „Ich schaffe das" ist getan.

Helden bleiben optimistisch

Das wichtigste Merkmal unserer Helden des Alltags ist eine optimistische Lebenseinstellung. Widerstandsfähigkeit ist nur denkbar, wenn man die feste Überzeugung hat, daß sich die Dinge früher oder später wieder zum Positiven wenden werden. Ein wichtiges Merkmal optimistisch denkender Menschen ist, daß sie nicht verallgemeinern. Wenn sie eine Niederlage einstecken müssen, dann denken sie nicht „Ich tauge nichts", sondern „Diesmal war mir kein Erfolg beschieden, das nächste Mal wird es wieder klappen".

Helden geben sich nicht selbst die Schuld

Am Beginn einer Krise ist es fast unvermeidlich, daß man sich mit Selbstvorwürfen quält und Schuldgefühle hat: „Wenn ich nur nicht so viel gearbeitet hätte, dann hätte sie mich nicht verlassen." „Wenn ich ihm nur nicht erlaubt hätte, mit dem Moped zu fahren, ..." „Wäre ich nur aufmerksamer gewesen ..."
Helden unterscheiden sich von anderen dadurch, daß sie dieses Selbstanklagen ziemlich bald beenden und den eigenen Anteil an der Krise realistisch einschätzen.
Sie erkennen, was andere Menschen oder die Umstände dazu beigetragen haben, daß es so ist, wie es ist. Je mehr externe Faktoren verantwortlich sind, desto geschützter ist das eigene Selbstwertgefühl und um so größer ist die Chance, über einen Schicksalsschlag schneller hinwegzukommen.

Helden planen voraus

Helden stellen sich die Frage: „Was wäre, wenn ..." auch in Zeiten, in denen noch kein Anlaß zur Sorge besteht. Auf diese Art und Weise sind sie auf die vorhersehbaren Veränderungen im Leben vorbereitet: z. B. Heirat, die Geburt eines Kindes, den Tod der eigenen Eltern, Berufswechsel, Scheidung, das Älterwerden.
Helden werden von diesen Wendepunkten des Lebens und den damit verbundenen Problemen nicht völlig überrascht, weil sie sich gedanklich darauf vorbereiten.
So manche Ehe würde nicht vor dem Scheidungsrichter en-

den, wenn sich die Paare mit den Problemen und Herausforderungen beschäftigen würden, die im Laufe des Zusammenlebens auftreten können.
Menschen, die sich mit dem Älterwerden auseinandersetzen, bewältigen die damit verbundenen Veränderungen besser.

Wenn einmal nichts mehr so ist, wie es war, sind wir oft stärker als wir denken. Beherzigen Sie die sieben Punkte der Heldinnen und Helden des Alltags, und Sie werden mit Schicksalsschlägen leichter fertig.

Heute ist der erste Tag
vom Rest deines Lebens.
Lass dich nicht leben!
Übernimm die Regie
und werde glücklich!

Peter F. Kinauer

Der Autor

Mehr als 45.000 begeisterte Seminarteilnehmer in Österreich, Deutschland, der Schweiz, Ungarn und den USA wenden Peter F. Kinauers Strategien mit großem Erfolg an. Regelmäßige Studienaufenthalte im Ausland gewährleisten, daß stets der neueste Stand der Wissenschaft in die Kinauer-Seminare einfließt.
Zu seinen Kunden zählen u. a. Austrian Airlines, EVN, CA, ABB, Generali, UNIQA, Raiffeisen, Gerling-Konzern, Hanlo-Haus, Zenker-Häuser, Trodat, AGFA, Waagner-Biró-Binder AG, Wrigley, ...

1998 erschien Peter F. Kinauers erstes Buch „So werden Sie zum Sieger!". Innerhalb weniger Wochen war die erste Auflage vergriffen. Die vierte Auflage erscheint Anfang 2000. Die Kinauer-CD „Körper und Geist harmonisieren", erschienen 1999, entwickelt sich ebenfalls zum Bestseller.

Peter F. Kinauers TV-Auftritte in „Vera" und „Willkommen Österreich" zum Thema „Erfolg ist lernbar" werden vom Fernsehpublikum begeistert aufgenommen.

Für Informationen zu Seminaren wenden Sie sich bitte an folgende Adresse:

Kinauer Training
Jagdschloßgasse 79/33
A-1130 Wien
Tel.: 0043/1/877 11 00
Fax: 0043/1/877 11 00-11
E-Mail: training@kinauer.com
Website: www.kinauer.com

Zum Jahrtausendwechsel hatten die Verkünder des Weltuntergangs Hochkonjunktur. Doch die Welt hat sich weiter gedreht, sie hat den Beginn
des Jahres mit den magischen drei Nullen nach dem Zweier heil überstanden. Geblieben ist Angst. Angst vor den rasanten Veränderungen (neue Technologien!), vor Versagen, vor Jobverlust, vor Pleite, vor Umweltkatastrophen, vor Kriminalität, vor Ausländern.
Dieses Buch ist Medizin für alle, die Angst vor der Zukunft haben.
Es ist Balsam für die Seele, es ermutigt und ermuntert, anstehende Probleme aktiv zu lösen und Lebensangst durch Lebensfreude zu ersetzen.
Der Autor hat es all jenen gewidmet, die an ihre Zukunft glauben, aber noch etwas Ermutigung brauchen. Und die findet man hier.

öS 291,- / DM 39,80 / sFr 37,– / € 21,25
312 Seiten / ISBN 3-85436-313-3